불안한 시대의 파도를 넘는
나만의 맞춤 Job 찾기 노하우

퍼스널 잡 메이커

불안한 시대의 파도를 넘는 나만의 맞춤 Job 찾기 노하우

퍼스널 잡 메이커

초판 1쇄 인쇄 2023년 8월 7일
초판 1쇄 발행 2023년 8월 16일

지은이 이현정

발행인 백유미 조영석

발행처 (주)라온아시아
주소 서울특별시 방배로 180 스파크플러스 3F

등록 2016년 7월 5일 제 2016-000141호
전화 070-7600-8230 **팩스** 070-4754-2473

값 17,000원
ISBN 979-11-6958-073-1 (13320)

불안한 시대의 파도를 넘는 나만의 맞춤 Job 찾기 노하우

PERSONAL JOB

퍼스널 잡 메이커

이현정 지음

나에게 맞는 최적의 업을 찾는 코칭법!

개인의 역량 업그레이드 방안 제시!

데이터 기반 퍼스널 업 찾기 멘토

개인의 특성과 관심사, 역량에 따라 나의 커리어를 피보팅하라!

시대의 흐름과 트렌드를 읽어내며 미래를 예측하는 퍼스널 잡 메이커의 살아있는 조언!

RAON BOOK

프롤로그

독자 여러분과 함께 성장하는 여정을 이어가기를 기대하며…

이 책은 성공 이야기가 아닙니다. 사실, 저는 자랑할 만한 업적이나 성과가 없습니다. 오히려 실패와 어려움이 더 많았습니다. 그런데도 제 경험을 허투루 여기지 않은 라온북 조영석 대표님의 권유로 용기를 얻고 경험과 생각을 글로 정리했습니다. 이 과정에서 과거에 지나친 성공에 대한 강박과 실패에 대한 부정적인 생각으로 고통받았던 자신을 깨우치게 되었습니다. 그리고 새로운 시각과 방법으로 삶을 살아가는 법을 배우게 되었습니다.

이 책을 집필하는 동안 다양한 사람과의 만남을 통해, 제가 겪은 경험을 토대로 어려움 속에서 막막해하는 누군가에게 조금이나마 도움이 될 수 있다는 희망을 보았습니다. 제가 겪었던 소박

한 경험을 이야기하며, 앞으로 그 과정에서 배운 것들을 소중히 공유하고자 합니다.

현재 인공지능 시대의 도래로 인해 우리는 근본적인 변화를 맞이하고 있습니다. 이러한 변화 속에서 내가 속한 직업 분야가 먼저 사라질 수 있다는 생각은 두려움을 불러일으키기도 합니다. 이 책의 시작인 1장에서는 시대의 변화와 우리가 느끼는 위기에 대해 말합니다. 이에 저는 현시대를 사는 데 필요한 자질과 태도는 무엇인지 고민하게 되었습니다. 그리고 가장 중요한 것은 역시 자기 자신에게서 출발한다는 시각을 가지고 개인의 관심사와 성장을 기반으로 시대에 적응하는 직업모델을 만들었습니다. 자신의 역량을 강화함으로써 무한히 생성할 수 있는 직업을 스스로 디자인한다는 의미로 무한직업이라는 개념을 도입합니다. 따라서 이 책에서는 무한직업의 요소를 활용하여 직업적 탐색과 성장 가이드를 제공합니다.

무한직업을 달성하기 위한 이 책의 구성은 다음과 같습니다. 먼저 1장에서는 자신의 관심사와 적성을 파악하는 것입니다. 다음으로 이 책의 2장에서 안내하는 '직업 탐색을 위한 나 탐구 일지'에서는 나를 아는 것이 지속 가능한 직업을 갖는 데 중요한 단계임을 강조합니다. 3장에서는 경쟁력 있는 나로 성장하기 위해 어떤 사고와 행동이 필요한지 무한직업 설계를 위한 액션 플랜을 주변 사례와 함께 담았습니다. 4장은 제가 지금까지 해왔던 일과 개인적인 경험을 통한 시행착오를 정리했습니다. 개인적인 이야기라 앞장보다 문체는 한결 가볍습니다. 하지만 기억을 꺼내는데 마음은 절대 가볍지 않았음을 고백합니다. 5장에서는 직업 고민을 가진 분들의 인터뷰와 컨설팅을 통해 저의 직업적 경험과 조언을 제공합니다. 상담에서 주고받은 대화는 직업에만 한정되지 않고 인터뷰 대상자의 살아온 인생 전반에 관여한다는 생각이 들었습니다. 깊은 책임감을 느낀 시간이었습니다. 실명 공개를 허락한 한 분을 제외하고 대부분 사례는 익명으로 전합니다. 마지막으로, 6장에서는 독자의 질문에 대한 답변을 제공합니다. 저의 지식과 경험 안에서 전달하지 못하는 부분은 리서

치를 통해서 좀 더 객관적인 자료를 담기 위해 노력했습니다.

이 책을 읽는 방법과 순서는 정해진 것이 없습니다. 처음부터 차례대로 읽어도 좋고, 4장에서 6장을 먼저 가볍게 읽은 후, 1장부터 3장을 순서대로 읽어도 좋습니다. 앞장에는 생각할 거리가 많아서 다음 장을 나가는 데 다소 시간이 걸릴 수 있습니다.

마지막으로, 이 책이 독자들께 영감과 도전의 기회를 제공할 수 있다면 더할 나위 없습니다. 독자 여러분과 함께 성장하는 여정을 이어가기를 기대합니다.

이현정

차 례

3장

무한직업 설계를 위한 액션 플랜

4장

나는 이런 잡을 해왔다

5장

잡 메이커의 잡 메이킹 사례

6장

잡 메이커에게 묻는다

1장

잡(Job)도 퍼스널(Personal)로 접근하는 시대

먹고 사는 문제, 누구도 피해 갈 수 없다

초현대적인 채용 설명회

MC : 안녕하세요, 미래형 취업 박람회(A futuristic job fair)에 오신 것을 환영합니다! 여러분, 직업을 찾지 못해 지치셨나요? 그래서 당신을 위해 몇 가지 새로운 기회를 제시하려고 합니다. 여기 오신 분들은 운이 참 좋군요!

청중 1 : (손을 든다) 저기요, 어떤 직업인가요?

MC : (웃으며) 아, 어렵지 않은 것부터 말씀드리죠. 어디 보자……. 시간 여행 가이드, 가상현실 공원 순찰 대원, 우주 쓰레기 처리 기사 등이 있네요.

청중 2 : (끼어들며) 잠깐, 우주 쓰레기 처리 기사라고요? 매력적인 직업 같진 않은데요?

MC : (웃음) 얼핏 듣기에는 그렇죠. 하지만 누군가는 반드시 해야 하는 중요한 일입니다. 게다가 이 일은 보기보다 괜찮아요. 왜냐하면, 우주에서 지구를 보는 전망이 끝내주거든요!

청중 3 : (의심) 음……. 알겠습니다. 그런데 이 직업에 어떤 기술이 필요하죠?

MC : (자신감 있게) 놀라지 마세요! 기술의 발전으로 거의 모든 사람이 이러한 일을 할 수 있어요. 배우려는 의지와 모험심 그리고 좋은 우주 부츠 한 켤레만 있으면 됩니다!

청중 4 : (비꼬며) 아, 그렇군요. 우리는 다 실업자니까 이제는 우주 쓰레기나 주워야 한다는 거죠?

MC : (웃음) 그런 뜻은 전혀 아닙니다! 쉽고 흥미로운 직업을 먼저 소개해 드리고 있으니까요. 그밖에도 좋은 직업이 많이 있습니다. 로봇 코미디언은 어떻습니까? 아니면 시간 여행 가이드?

청중 5 : (흥분) 로봇 코미디언? 그건 어떻게 하는 거죠?

MC : (미소) 간단해요! 재미있는 농담을 로봇의 데이터베이스에 업로드하고 무대에서 풀어 주기만 하면 됩니다. 그리고 가장 좋은 점은 뭘까요? 바로 무대 공포증에 대해 걱정할 필요가 없다는 것이죠!

청중 6 : (웃음) 오, 전 좋아요. 느낌이 왔어요! 어디에서 구직 신청하면 됩니까?

MC : (자랑스럽게) 바로 이쪽으로! 미래는 무한한 가능성으로 가득 차 있다는 것을 기억하십시오. 그러니 변화를 받아들이고 함께 꿈의 직업을 찾아봅시다! (관객을 무대 밖으로 이끈다)

이 대본은 내가 인공지능 챗봇인 챗 지피티 (chat GPT)에게 미래의 직업과 연관해 블랙 코미디 대본을 영문으로 요청한 후 다시 한글 번역으로 옮긴 것이다. 언어가 영어 기반이다 보니 한국어로는 약간의 어색한 흐름과 표현을 손보기 했지만, 원문에서 전달하려는 메시지는 그대로 살렸다.

나는 챗봇이 웃자고 제시한 코미디 대본에 다큐멘터리와 같은 충격을 받았다. 인공지능 챗봇이 저 정도로 언어를 유희하면서 미래의 인간 대다수를 백수로 만들어 우주 쓰레기를 줍고 로봇의 보조 역할이나 하는 수단으로 그려낼 것이라고는 예상하지 못했기 때문이다. 물론, 이것은 인터넷상에서 수집한 우리의 미래에 대한 불안감이 반영된 글을 바탕으로 강화 학습을 통해 생성된 출력물에 지나지 않는다. 그러나 상황에 맞는 탁월한 어휘 조합 능력은 몹시 놀라웠다. 이제는 사용 목적에 따라, 글 작성을 비롯해 인간이 하는 다양한 작업을 대신하겠구나 싶었다.

아니나 다를까 챗지피티 회사인 오픈AI 측은 여러 매체에 멀티모달(Multimodal) GPT-4를 공개하며 "문자뿐 아니라 이미지도 인식하며, 다양한 시험에서 인간과 비슷한 수준의 퍼포먼스를 보였다"라고 전했다.

당연히 우리의 미래가 위의 대본에서 나온 이야기처럼 그렇게 극단적으로 치달을 리야 없겠지만(이라고 믿고 싶다) 기술이 발전할수록 세대나 학력이나 나이에 상관없이 미래에 어떻게 먹고 살 것인지를 고민해야 할 상황이라는 것만큼은 분명히 알려주고 있다.

세대별 진로 고민, 예외는 없다

예전 나의 청소년 시절에 부모님이 생각하는 좋은 직업은 전문직 다음으로 공무원이었다. 수입과 일이 안정적이고 연금도 꼬박꼬박 나오니 노후 보장도 되는 데다 퇴근 후의 삶을 누리기도 좋다는 것이 일반적인 생각이었다. 공무원은 여전히 선호도가 높은 직업이지만 한편으로 9급 공무원 기준으로 공채 시험 경쟁률은 매년 크게 하락하고 있다. 인사혁신처에 따르면 10년 전인 2013년 74.8 대 1에 비해 2023년 경쟁률은 22.8 대 1로 큰 차이가 있으며 2022년에 이어 2년 연속으로 30 대 1 이하로 떨어지고 있다. 주 시험 응시 연령은 MZ 세대로 불리는 20·30세대이고 이들의 인구 감소도 원인으로 꼽히고 있지만, 과도한 의전과 상명하복 분위기 그리고 업무 성과와 상관없이 진급하는 연공서열 등의 문제가 직업 만족도의 하락 이유로 지적되기도 한다.

공무원 취업률 변화는 단편적인 사례에 불과하다. 일반적으로, 젊은 세대들이 직장 생활에서 중요하게 여기는 가치는 과거 세대와는 분명히 차이가 있다. 돈보다 정서적인 가치를 더욱 중요시하는 이들은 자신의 성장과 삶의 균형을 가장 우선시한다. 따라서 기업이 개인의 성장을 지원하는지는 구직자가 일자리를 선택하는 주요 요소 중 하나이다. 이러한 가치관 차이로 인해, 이익과 성과 중심적인 경영을 추구하는 기업과 개인의 성장과 삶의 균형을 중요시하는 구직자들 간에 일자리 수요와 공급에도 불균형이 발생할 수 있다.

더욱이 기술변화의 가속화는 기업이 요구하는 인재상에도 큰 영향을 불러오고 있다. 수학이나 공학 전공자나 IT 분야에 특정 기술이 있는 사람은 상대적으로 취업에 유리하지만, 문과 출신들은 여전히 '문과라 죄송'한 형편이다. 기업에서 원하는 몸값이 높은 IT 인재는 더 좋은 조건을 제공하는 곳으로 언제든 이직할 가능성이 있고, 한편 리그에 속하지 못하는 취업 준비 n년 차의 취준생은 심각한 구직난에 맞닿아 있다. 이러한 온도 차는 현재의 고용 시장 침체와 구직난을 초래한다.

하지만 어렵사리 취업 전쟁에서 살아남았다고 하더라도 현실을 자각하기까지는 오래 걸리지 않는다. 얼마 가지 않아 업무에 적응하지 못한 채 다시 적성과 진로를 고민하는 무한 루프를 반복하는 예도 흔하다.

진로 고민은 비단 2030 세대만의 문제가 아니다. 직장 생활에서 연차가 꽤 쌓인 4050 세대의 고민도 만만치 않다. 자녀에게는 아직도 한참 돈이 들어가야 하고, 갚아야 할 주택담보 대출도 여전히 까마득하다. 그러나 치솟는 고물가에 지출 규모는 한층 커지고 이 추세는 점점 가속화되고 있다. 상황이 이런데 은퇴 시기는 10년 전과 비교해서 5년 가까이 줄었고 기술과 트렌드의 변화는 기존의 지식 체계로는 그 속도를 따라가기만도 벅찬 데다 체력마저 예전 같지 않음을 크게 느낀다. 평균수명은 늘어나는데 돈 없이 오래 사는 것을 벌써 걱정해야 하는 실정이다.

미래의 속도가 낳은 우리의 과제

머지않아 기술변화와 속도는 지금 우리가 체감하는 것보다 훨씬 더 빨라질 것이다. 리처드 돕스, 제임스 매니카, 조나단 워첼은 공저한 《미래의 속도》에서 기술이 경제에 미치는 영향력이 그 규모와 속도에서 가히 파괴적일 것으로 전망한다. 책의 부제대로 미래의 변화 속도는 "산업혁명보다 10배 더 빠르고, 300배 더 크고, 3,000배 더 강"하게 느껴진다. 그리고 저자들의 전망대로 지금도 서서히 느끼고 있는 고용 변화는 앞으로 더욱 가팔라질 것이다. 인공지능 시대라고 불리는 만큼 가까운 미래에는 기존의 많은 직업이 사라질 것으로 전망한다. 산업혁명 시대에 많은 직업이 사라지고 새로운 직업들이 생겨났듯이 앞으로도 무수

한 직업이 사라지고 새롭게 등장할 것이다. 그러나 무엇을 준비해야 하는지조차 모르고 이에 대비하지 못한 이들은 고용 충격에 직접적인 타격을 피해 갈 수 없다. 자동차가 만들어졌는데 여전히 마차를 고집했던 이들의 지난 운명에서 짐작할 수 있는 것처럼 타인의 시선에 자신의 운명을 가늠하도록 내버려 두어서는 안 될 일이다.

챗 지피티의 등장은 인공지능이 언젠가는 인간의 일자리를 대체할 것이라는 우려가 먼 미래의 이야기가 아니라, 곧 내가 대체될 가능성이 있다는 위기를 체감하게 했다. 이제 우리에게 다가온 직업 고민은 학력과 성별을 떠나 청년층부터 중, 장년층과 노년층에 이르기까지 우리의 일생의 과제가 된 셈이다.

AI 시대, 사라지는 직업과 새로 생기는 직업

'언젠가'와 '곧'이 다를 뿐

인공지능 시대의 문턱에 선 세상은 기존 직업이 사라지고 새로운 직업이 등장하면서 대대적인 변화의 중심에 놓여 있음을 보여준다. 전통적인 산업이나 서비스 분야는 '곧' 기계에 대체될 가능성이 크다는 전망이 있다. 그러나 기술 발전은 새로운 일자리를 창출하기도 한다.

예를 들어, 기술 활용이 일상적이고 광범위해질수록 수많은 데이터를 처리하고 분석하는 기술이 필요하다. 그리고 업계에서는 이러한 기술을 습득한 전문가들을 원한다. 하지만, 한편으로, 대기업에서 빅데이터 분석을 하는 나의 지인 중 한 명은 자신의 업무도 '언젠가'는 인공지능에 의해 대체될 가능성이 있다는 우려를 나타냈다. 그 이유는 대규모 데이터를 처리하고 분석하는 데에 있어서 인공지능 기술이야말로 '누구보다 빠르게 남들과는 다르게' 해내기 때문이다. '언젠가'와 '곧'이 전달하는 긴박성의 차이는 있지만, 전통적인 산업 분야뿐만 아니라 기술 선두에 있는 분야마저도 이런 위기가 존재한다면, 어떤 종류의 직업이 사라지고 새롭게 출현할지 업종별로 예측하는 것이 무의미할지 모른다.

단지 이런 불확실성 속에서 확실한 것은 현재의 많은 일자리가 사라지거나 대체될 가능성이 크다는 사실뿐이다. 세상은 빠르게 변하고 그것에 따라 일자리도 바뀐다. 기술이 더욱 발전함에 따라서 한때 안정적이고 안전한 것으로 여겨졌던 일자리들이 기계와 알고리즘으로 대체되고 있다.

인공지능과 자동화로 사라지는 직업

인간이 수행하는 많은 직업이 기계로 대체될 것이라는 전망은 낯설지 않다. 새로운 기술이 등장할 때마다 소란스러운 논쟁이 있었고 알파고가 이세돌 9단을 이겼을 때도 지금과 유사한 반응이 있었다. 하지만 그때와 다른 점은 전 세계가 코로나 19를 겪으면서 새로운 기술을 수용하는 기간이 이전보다 훨씬 짧아졌다는 것과 이번 챗GPT의 화려한 등장으로 변화를 더욱 빠르게 실감하고 있다는 것이다.

이미 우리 주변에서는 기계로 대체된 서비스 분야를 쉽게 경험할 수 있다. 이미 고객 상담과 주문이나 결제 서비스는 키오스크와 챗봇으로 서비스 직원을 대체하고 있으며, 음식을 나르는 서빙 로봇이나 커피를 만드는 바리스타 로봇도 심심찮게 접한다. 아직은 사람보다 세밀한 요구를 만족시키지 못해 답답하게 느낄 때도 있지만, 학습 속도가 빨라진 챗GPT와 같은 인공지능 기술은 이런 한계마저도 머지않아 극복할 가능성을 보여주고 있다.

서비스 산업뿐만 아니라, 이러한 기술의 발전으로 인한 일자리 변화는 다른 산업 분야에서도 예상된다. 특히, 제조 산업에서는 디지털화, 로봇화에 의해 기계가 더 많은 일을 하게 되면서 노동자의 필요가 급격하게 줄게 될 것이다. 예를 들어, 3D 프린터만 하더라도 간단한 물건을 만드는 것뿐만 아니라 입력된 메뉴의 음식을 출력하고, 의류를 생산하며, 자동차를 찍어내고, 집을 짓는가 하면 심지어 인간의 장기를 제작하는 일까지 가능하다.

앞으로 운송 산업에서도 큰 변화가 예상된다. 이미 미국 샌프란시스코와 중국에서는 완전 자율 주행 택시가 시범 주행을 마쳤다. 앞으로 자율주행 차량의 안전성 및 기술적인 문제를 해결하게 되면, 택시 및 운송 기사를 대체할 가능성은 매우 커질 것이다. COVID-19로 인한 물류 변동을 경험한 기업 중 일부는 원활한 공급망 운영의 하나로 완전 자율 주행 차량의 사용을 고려하거나 이미 활발히 연구를 진행하고 있다. 또한, 일반적으로 택시 이용에 불편함을 느끼는 승객이나, 운전이 서툴다거나, 고령자나 장거리 이동이 빈번한 운전자는 운전대 앞에서 완전히 자유로워질 날을 손꼽아 기다릴 것이다. 이 기술은 차량뿐만 아니라 드론, 선박, 비행기 등 모든 운송수단에 적용할 수 있다. 물론, 완전 자율 주행 운송수단이 광범위하게 채택되기까지는 시간이 오래 걸릴 것이며, 이 과정에서는 안전과 사고 책임 그리고 고용과 같은 여러 문제를 해결해야 할 필요성과 규제도 불가피하게 존재한다. 정책적으로는 일정 기간 유예를 둘 수 있겠지만, 기술 발전 속도를 따라가지 못하는 정책적 한계에 대한 비난도 피할 수는 없을 것이다. 따라서 규제만으로 기술 발전을 막을 수는 없다. 그러므로 각 분야의 기술 발전이 가져오는 극적인 산업 변화에 따른 급격한 일자리 변화는 피할 수 없는 우리의 현실이 될 것이다.

직업 변화보다 역할 변화에 초점을 맞추자

불과 몇 년 전만 해도, AI는 인간보다 작업을 빠르고 정확하게 수행할 수 있지만, 일부 창의성이 요구되는 분야에서는 인간을 대체하기 어려울 것이라고 믿었다. 예술 분야나 인플루언서의 마케팅 활동 등 상호 소통이 필요한 작업에 대해서는 특히 그

랬다. 그러나 최근에는 이러한 분야에서 AI가 생산하는 결과물을 보면 작곡이나 그림, 가상 인간의 마케팅 활동도 인간에게 뒤지지 않는 수준으로 발전했다. 오히려 생산 속도로만 놓고 본다면 비교 자체가 성립되질 않는다. 기계가 인간의 독점 영역이라고 생각되었던 작업을 수행하는 능력이 점차 증가함에 따라, 이제는 오직 인간만이 할 수 있는 일이 있다고 가정하는 것은 오히려 인간의 오만함으로 여겨지기도 한다.

앞으로 인공지능이 인간을 대체하기에 불가능한 직업 분야는 없을지 모른다. 이것은 우리가 어느 직종이 사라지고 새로 생기는지 오로지 변화하는 환경에만 초점을 맞췄을 때, 기계는 기술적 범위 안에서 모든 직업을 대체할 수 있다는 것을 과장해서 표현한 것이다. 기존의 일이 사라질 것이라는 막연한 두려움은 다양한 직업 분야의 안정성에 중대한 위협이 된다. 그렇다고 모든 사람이 인공지능 분야로 전향할 수는 없지 않나.

그러니 직업의 변화 자체보다는 역할 변화에 집중해야 한다는 생각이다. 이 책 6장에서 다루는 사례에서도 보여주듯이, 택시기사나 교사가 사라질 직업인가 아닌가를 논하는 것보다, 해당 직업의 역할이 어떻게 변화될 것인가에 주목해야 한다. 이러한 역할 변화에 초점을 둘 때, 그 직업 역할을 제대로 수행할 수 있는가에 대한 질문이 생긴다. 그리고 거스를 수 없는 변화인 기계와 경쟁하는 것이 아니라 올바르게 활용할 수 있는지 자신의 능력을 점검하게 될 것이다. 그렇게 기계와 인간이 상호 보완적인 관계로서 공동 작업의 역할을 하게 될 때, 우리는 더 생산적이고 전략적인 일에 집중할 수 있다. 예를 들어, 이제는 책을 쓰는 일만 하더라도 인공지능이 목차를 구성하는 것은 물론이고 적절한 질문만 던지면 평범하긴 하나 어지간한 글은 순식간에 쓴다. 하지만 작가의 역할은 여전히 여기에 인사이트를 제공하고 작가의 개성이 드러나도록 세밀한 공감력을 더하는 것이다.

그러므로 다양한 상황에서 자신의 판단력, 직관, 경험, 공감 및 사고력 등을 종합적으로 활용하여 올바른 질문을 찾아내고 (chat GPT만 하더라도 질문과 지시의 수준에 따라 결과물의 차이가 매우 크다) 기계를 활용할 수 있는 능력을 갖추고 있는지, 이것으로 자신의 역량을 강화할 수 있는 방향을 선택하는 지가 매우 중요할 것이다.

결국, 인공지능과 자동화가 많은 직업을 대체하는 것은 불가피하지만, 이러한 변화를 달리 보면 인간의 역할을 새롭게 변화시키고 더욱 창의적으로 발전하는 방법이 될 수도 있다. 이것은 불확실성의 시기에도 적응하고 변화를 받아들일 용의가 있는 사람에게는 큰 기회가 될 것이다.

나의 평생을 책임질 무한직업 생성 키트

평생직업은 없다, 무한직업이 있을 뿐

베이비붐 세대가 활발하게 직장에서 경력을 쌓던 시대에는 평생직장이란 용어가 흔하게 쓰였다. 대개 한 회사에서 평생 일하면서 경력을 꾸준히 쌓으면 안정적인 노후를 기대할 수 있었기 때문이다. 예전 가정통신문엔 '성실한 가장이신 아버지는 oo 직장에서 30년간 근무를 했으며……'라고 쓰는 것이 낯설지 않았다. 그러나 지금은 한 직장에서 30년 근속이면 '화석'으로 대우받는다. 잘 알다시피, 평생직장이나 평생직업이라는 용어는 더는 일반적으로 사용하지 않게 되었다.

대신, 요즘 직장인은 급격한 산업 변화에 발맞춰서 자신의 역량을 업그레이드하며 관심사나 가치관에 맞추어 직장을 지속해서 옮긴다. 또는, '긱(Gig)경제' 현상에서 엿볼 수 있듯이 임시적인 프로젝트 단위로 일자리를 찾는 프리랜서나, 수많은 경제활동을 동시에 하는 'N잡러'처럼 기존의 정규직과는 달리 일시적이고 불규칙한 경제적 활동이 증가하면서 일자리 형태가 크게 달라졌다.

기술 혁신과 경제 환경의 변화에 따라 다양화되는 일자리의 형태를 고려할 때, 앞서 언급한 것처럼 단순히 기존 직업들이 사라지고 변화하는 것에만 초점을 맞추기보다 시대 변화에 대응하기 위한 자질과 태도를 갖추는 것이 무엇보다 필요하다. 그래서 나는 이 부분에 관해 기준을 고민하던 도중, 우연히 MIT 대학의 직업 상담부서(Career Advising & Professional Development)의 웹사이트에서 진로를 모색하는 "Infinite Careers"라는 사업명을 발견했고, 이 명칭에서 영감을 받아 직업 역할 변화를 인식하고 변화된 역할을 수행하기 위한 도구(tool)로서 '무한직업(Infinite Career)'의 원리를 설계하게 되었다.

무한직업은 평생 한 가지 직업을 가지고 일을 하는 평생직업과는 다른 개념으로 '무한'이란 용어는 급변하는 시대에도 지속해서 직업적 가치를 창출한다는 의미로 사용했다. 자신의 역량과 흥미, 경험 등을 고려하여 다양한 직업 역할을 모색하고 최적의 직업을 스스로 디자인하는 것을 말한다. 무한직업을 실현하기 위해서는 적절한 조건과 기준이 필요하다. 다음으로 이러한 무한직업의 원리와 성립 요소를 살펴보자.

무한한 가능성을 가진 직업 개발자로 성장하는 I.N.F.I.N.I.T.E 원리

무한직업은 많은 기회와 가능성을 상징하고 지속적인 직업적 성장과 발전을 지원한다. 이런 의미로써 사용한 '무한'직업의 영문 머리글자인 I.N.F.I.N.I.T.E는 무한한 가능성, 창의성, 유연성, 진실성, 연결성, 개성, 기술 활용, 그리고 지속적인 교육을 상징한다. 이것은 무한직업을 생성하기 위한 핵심가치로, 세부 요소들은 이 책의 전반에서 자신에게 맞는 직업을 향한 발전과 성장에 중요한 메시지로 반영하였다. 이를 간단히 표로 정리하면 다음과 같다.

이니셜	핵심 내용
I – Infinite possibilities	무한한 가능성
N –Novelty	참신함
F –Flexibility	유연성
I – Integrity	진실성
N –Networking	연결성
I – Individuality	개성
T –Technology	기술 활용
E –Education	지속적인 교육

무한직업을 구성하는 핵심 내용은 다음과 같다.

I – Infinite possibilities(무한한 가능성)

무한한 가능성의 핵심 원리는 한계와 두려움을 극복하고 자신을 전적으로 신뢰하는 것이다. 이것은 자신의 가치관과 관심사를 포함하여 자신에 대해 잘 알고 이해하는 것이 기반이 되어야 한다. 이를 통해 자신감을 키우고, 잠재력을 최대한 발휘하며, 자유롭게 선택하고 행동할 수 있는 상태를 만들 수 있다. 따라서 다음과 같은 질문을 고민해 볼 수 있다.

1. 나는 무엇에 끌리는 사람인가?
2. 나의 결핍은 무엇인가?
3. 나의 장점을 강점으로 바꾸려면 무엇을 해야 할까?
4. 다른 사람을 이롭게 한 경험이 있는가?
5. 어떤 일을 하면서 내가 가진 장점을 더욱 발휘할 수 있는가?

위와 같은 질문을 고민하고 답을 찾아가는 과정에서 자신의 능력과 한계를 파악하고, 더 나은 방향으로 성장할 기회를 찾아야 한다. 이것으로 자신의 가능성을 끝없이 발전시켜 나갈 수 있는 자신감과 열정을 얻게 되며, 이러한 태도는 도전하는 용기를 부여하고 스스로 빚어내는 무한한 가능성을 실현할 수 있도록 도와준다.

N – Novelty(참신함)

무한직업은 전통적인 직업 경로 이외에도 다양하고 창의적인 직업 경로가 존재한다. 이것을 창출하기 위해서는 참신한 아이디어를 발굴하는 것이 중요하다.

참신함과 창의력은 갑자기 나타나는 생각이 아니다. 자신이 하는 일의 의미와 목적을 파악하고, 타인의 필요와 욕구를 관찰하는 것이 필요하다. 또, 자신의 경험을 바탕으로 한 문제 해결 방법에서도 발휘될 수 있다. 자신이 해결해야 할 문제를 분석하고, 다양한 방면으로 적용해보며 아이디어를 개선할 때 참신함이 발휘될 수 있다.

즉, 참신함이란 세상에 존재하지 않았던 새로운 아이디어를 창출하는 것이 아니라, 자신의 경험과 지식을 융합하는 사고에서 비롯되는 것이다. 따라서 다양한 경험과 지식을 습득하며 다른 분야에 적용하고 연결하는 것은 참신한 아이디어를 발굴하는데 도움이 된다.

F – Flexibility (유연성)

유연성이란 변화에 대처하는 능력을 의미한다. 어떤 새로운 상황이나 문제가 발생했을 때, 문제 자체에 매몰되지 않고 해결책을 찾아내는 데 매우 중요한 역할을 한다. 그리고 유연성은 타인의 출신 배경, 학력, 성별, 신체 조건에 대한 차별과 편견을 갖지 않고 다양한 경험과 배경을 존중하고 이를 바탕으로 다양한 관점과 시각을 수용한다. 또한, 새로운 기술과 방법을 적극적으로 받아들이고, 빠르게 습득하여 적용할 수 있는 능력을 포함한다. 정리하면, 유연성은 새로운 환경에 대응하여 적극적으로 대처하며, 다양한 관점을 존중하고 새로운 기술과 방법을 적극적으로 받아들여 혁신적인 해결책을 모색하게 한다.

I - Integrity (진실성)

Integrity는 진실성을 포함한 다양한 속성과 가치를 지닌다. Integrity를 가진 사람은 자신의 행동과 발언이 진실하고 일관성이 있으며, 다른 사람들에게 믿음직스러운 인상을 준다. 이는 업무와 인간관계에서 신뢰를 쌓는 데 필요한 요소이다. 진실한 생각과 행동은 언젠가는 밖으로 드러난다. 또한, Integrity는 이타적인 행동과 감사의 마음, 겸손함 등의 다양한 속성과 가치를 포함하고 있으며, 이러한 가치들이 함께 어우러져 자신의 역량을 더욱 향상하고, 다른 사람들을 지원하고 협력하는 데 도움을 준다. 따라서 Integrity는 자신의 역량을 극대화하고, 다른 사람들과 함께 성장하며, 무한직업의 지속 가능한 힘을 발휘하게 한다.

N - Networking (연결성)

인적 네트워크는 우리에게 다양한 정보와 기회를 제공하고 협력 관계를 만들어줌으로써 무한직업 가능성을 더욱 넓혀주는 역할을 한다. 상호교류를 통해 직업 기회를 찾거나, 신선한 지식과 경험을 공유하면서 서로의 발전을 돕게 된다. 네트워크를 구축하는 것은 시간과 노력이 필요하지만, 그 결과로 개인의 경력 발전과 성공에 도움이 될 수 있다. 이때, 조건 없이 많은 인맥을 쌓는 것이 아니라 신뢰할 수 있고, 적극적으로 소통할 수 있는 사람들과의 관계를 구축하는 것이 중요하다. 또한, 자신의 이익만을 생각하는 것이 아니라 상호 관계를 유지하면서 서로의 발전을 돕는 것이 인적 네트워크를 효과적으로 활용하는 방법이다.

I – Individuality (개성)

무한직업을 생성하기 위해서는 자신의 개성과 특성을 파악하고, 이를 살려 일하는 것이 중요하다. 개성은 개인의 독특한 성향, 성격, 자질 등을 의미하며, 이는 그 사람이 누구이고, 어떤 삶을 살아왔는지에 따라 다양하게 나타난다. 예를 들어, 어떤 사람은 타고난 소질로 예술을 잘하고, 또 다른 사람은 분석적인 사고방식으로 문제를 해결하는 것을 잘한다. 즉, 자신의 장점과 특징을 파악하여 이를 살려 일을 했을 때 자신이 가장 잘할 수 있는 일을 찾게 된다. 그리고 이를 통해 재미와 열정을 느끼면, 일에 대한 몰입력이 높아지며 끈기 있게 업무를 수행하고 성과를 내게 된다. 자신의 개성을 파악하는 것은 스스로의 역량을 강화하면서 지속적인 성장을 하는 데 큰 도움이 된다.

T – Technology–together (기술 활용)

기술 활용은 변화하는 시대에 적절하게 대응할 수 있는 생존력을 제공한다. 적극적으로 기술을 수용하고 활용하면, 생산성을 높이고 경쟁력을 강화할 수 있다. 따라서 새로운 기술이나 플랫폼이 등장할 때, 이를 적극적으로 수용하고 활용하는 것이 중요하다. 예를 들어, 인공지능 기술을 활용하여 데이터 분석과 예측 모형을 수행하거나, 클라우드 컴퓨팅을 활용하여 데이터 백업 및 관리를 수행할 수 있다. 혹은, 누구나 접할 수 있는 소셜 미디어나 블로그 등을 활용하여 개인 브랜딩 및 마케팅을 수행할 수도 있다. 새로운 기술이 등장할 때 두려움을 느끼기보다 이를 적극적으로 수용하고 적용할 때, 새로운 분야나 시장을 개척할 수 있으며, 이는 무한직업을 생성하는 데 큰 장점으로 작용한다.

E - Education (교육)

지속적인 학습과 교육은 무한직업 개발자로서 성장하는 데 매우 중요한 역할을 한다. 꾸준한 학습과 교육은 무한한 직업 가능성을 탐색하고 직업 시장의 변화에 대응할 필요한 도구와 지식을 제공한다. 빠르게 변화하는 시대에는 새로운 기술과 지식을 습득하고 적용하는 능력이 중요할 뿐 아니라 열린 태도와 올바른 질문과 판단 능력이 필요하다. 그러므로 사유하는 능력을 향상하는 책 읽기와 같은 전통적인 방법은 세대를 불문하고 여전히 유효하다. 꾸준한 교육을 통해 우리는 평생 하나의 직업에만 국한되지 않고, 무한한 가능성을 가진 직업 개발자로서 발전할 수 있다.

MIT의 Infinite Career의 사업명칭에서 착안한 무한직업의 원리는 이 책의 다음 2장과 3장, 그리고 5장과 6장의 코칭 사례에서 적극적으로 활용되었다. 해당 챕터에 무한직업원리가 어떻게 반영되었는지 다양한 사례를 살펴보면서, 무한한 직업 가능성에 대한 시야를 넓히고 자신의 미래를 계획하는 데 도움이 되기를 기대한다.

2장

직업 탐색을 위한 '나' 탐구 생활

나는 무엇에 끌리는 사람일까?

흥미와 관심사는 나를 아는 최소 단위

많은 사람이 자신의 적성을 찾는 것을 어려워하거나, 자신의 관심사를 무시하는 경우가 있다. 적성에 맞는 일을 해야 한다는데 도대체 내 적성은 무엇인지, 어떤 소질이 있는지, 무엇을 좋아하는지도 모른 채 지낸다. 과거에 모범생으로 정해진 경로를 따르면 안전하다고 여겼던 청소년 시절이 있다면, 이러한 내적 갈등은 성인이 되어 더 크게 요동치게 된다. 오랜 시간, 자신의 관심사나 적성보다 어른들 말씀에 순응하는 편을 선택해온 탓에 흥미도, 관심사도 명확하지 않을 가능성이 크다. 이들은 부모님과 선생님의 경험과 지식이 올바른 방향을 제시한다고 철석같이 믿었고, 정해진 경로에 따라 최대한 실수를 피해가며 살았다. 그

것이 행복하고 순탄한 인생을 사는 방법이라고 배웠고 무의식적으로 동의했다. 그러나 사회에 나와서 직면한 적성에 대한 고민과 갈등으로 인한 타격감은 예상보다 훨씬 날카롭고 크다.

내가 무엇을 좋아하고 어떤 것에 관심 있는지 아는 것이 왜 중요할까? 그것은 흥미와 관심사가 자신을 이해하는 최소 단위이며, 자신이 어디에 반응하며 어떤 성향이 있는지 파악하는 절차이기 때문이다. 이것은 자신에게 맞는 직업 형태를 판단하는 데에도 중요한 기반이 된다.

그렇다면 내가 어떤 것을 좋아하는지 무엇을 통해 알 수 있을까? 무심결에 한 행동이든 마음먹고 정한 루틴이든 자신의 행동은 대부분 자신의 욕망과 생각에서 파생된 결과이다. 따라서 자신이 어떤 것을 좋아하는지 파악하기 위해서는 일상생활에서 어떤 행동을 반복하는지 살펴보는 것이 좋다. 호기심을 자극하고 매력을 느끼는 대상을 알아볼 수 있는 도구는 여러 가지인데, 예를 들어, 어떤 취미를 가졌는지, 어떤 유형의 영화를 좋아하는지, 어떤 음악을 즐기는지, 어떤 요리를 좋아하는지 등이 있다. 이뿐만 아니라 최근에 새롭게 만난 사람, 스터디 모임의 주제 등을 통해서 공통분모를 찾아본다. 혹은, 본인이 쓴 일기나 블로그 글 등을 되돌아보며 어떤 경험을 했을 때 느꼈던 감정이나 관심사를 파악해 볼 수도 있다. 또한, 자신이 소비하는 콘텐츠나 서비스들도 자신의 관심사를 파악하는 데 도움이 된다. 예를 들어, 어떤 유튜브 채널을 구독하고 있는지, 어떤 책을 자주 읽는지, 어떤 앱을 자주 사용하는지 등을 살펴볼 수 있다. 이러한 정보들을 종합해보면, 어떤 주제나 분야에 반복적으로 관심을 두는지를 알 수 있다. 심지어 알고리즘이 제시하는 맞춤 광고까지 일상의 모든 흔적이 자신의 관심사와 선망의 대상이 무엇인지 보여준다.

어디에 시간과 돈을 쓰고 있나

일상에서 자신의 관심사를 구체적으로 파악하는 방법의 하나는, 수업이나 업무시간을 제외하고 자신이 가장 많은 시간과 돈을 소비하는 대상을 알아보는 것이다. 예를 들어, 보디 프로필을 목표로 운동을 시작할 계획이라면, 위치와 금액이 적절한 피트니스 센터를 찾고, 운동 동기를 얻기 위한 건강하고 아름다운 롤모델의 이미지를 저장하며, 마음에 드는 운동복을 구매하고, 건강한 식단을 제공하는 도시락 업체의 메뉴를 검색하는 등, 프로필 촬영에 맞춰서 이와 관련된 활동에 많은 시간과 비용이 집중될 것이다.

또, 이런 일련의 과정들이 진행되는 동안 내 감정에 어떤 변화가 일어나고 있는지 자신의 마음을 들여다보면서 관심사에 대한 열정을 객관화할 수 있다. 가령, 식단 제한과 운동이 고통스럽더라도 매번 조금씩 달라지는 체지방 감소와 근력 상승 수치에 성취감과 만족을 느끼고 있다면, 보디 프로필을 목표로 한 노력이 자신의 아름다운 몸과 건강이라는 관심사에 부합하는 것으로 보일 것이다. 반면, 바쁜 일정 쪼개서 운동하는 것도 번거롭고, 헬스장 환급 위약금 때문에 마지못해서 할 때는 목표에 대한 동기와 관심이 멀어질 수밖에 없다.

시작하게 된 동기 역시 중요하다. 보디 프로필 열풍이라는 유행에 큰 고민 없이 시작했다면 시간이 갈수록 목표에 대한 열의가 부족하게 된다. 그러나 중요한 이벤트가 예정되어 있거나, 스스로 자신에게 깜짝 놀랄 만한 변화를 기대하며 충분히 고민한 선택일 경우에는 동기가 강화되는 것을 느낄 수 있다. 즉, 자신의 관심사와 목표에 대한 강력한 동기가 있는 경우, 해당 분야에 시간과 노력을 투자하는 것은 더욱 흥미롭고 즐거운 경험이 된다.

따라서, 우리는 시간과 돈이 집중해서 쓰이는 대상을 확인함으로써 현재 자신이 가장 관심을 가지는 것이 무엇인지 파악하고, 동기와 감정을 통해 그것이 지속해서 유지할 자신의 관심사인지 확인할 수 있다.

누구를 만나고 있나

내가 하는 일, 먹는 음식, 만나는 사람이 곧 나의 미래라는 말이 있다. 특히, 우리가 만나는 사람은 우리의 관심사와 가치관에 큰 영향을 미치며, 이들과의 대화와 상호작용은 우리의 생각, 행동 및 인생 방향을 결정할 수 있다. 그러므로 우리는 누구와 시간을 보내는지, 어떤 대화를 나누는지, 어떤 경험을 공유하는지를 주의 깊게 살펴봐야 한다. 만약 자신에게 부정적인 영향을 주는 사람이 있다면, 그 사람으로부터 거리를 두고 새로운 가능성과 기회를 열어줄 사람들과 가까이해야 한다. 비관적 대화는 우리의 생각을 가두며 마음을 좌절시키고, 결국 성장을 방해하기 때문이다. 물론 가까운 사람으로부터 부정적인 영향을 받고 있다 하더라도 이것은 영원히 고정된 것이 아니며, 자신의 선택을 통해 변화할 수 있다. 그러므로 우리는 긍정적인 영향을 주는 사람을 찾아서 함께 성장하며 새로운 가능성을 모색해야 한다.

이러한 이유로, 자신의 흥미와 관심 분야를 긍정적으로 확장하기 위해서는 의도적으로라도 외부 교류를 활발히 할 필요가 있다. 여기서 외부 교류는 인맥을 쌓기 위한 맹목적인 만남이 아니라, 유익하고 밀도 있는 시간을 보내는 활동을 말한다. 예를 들어, '트레바리'와 같은 독서 모임에서는 이종 업계의 사람들과 하나의 주제로 책을 읽고 독후감을 공유하며 서로 생각을 나눈다. 다양한 사람들의 다채로운 생각을 통해서 풍부한 인사이트를 얻고 관심사를 확대하기도 한다. 이러한 건설적인 모임은 반복되는 일상에서 신선한 자극과 영감을 받는 데 많은 도움이 된다.

우리는 무의식적으로 자신과 비슷한 사람들과 대화를 나누고 늘 같은 주제에 머무르는 경향이 있다. 요즘 누구를 만나고 있는지 한번 떠올려보자. 그들과의 대화를 돌아보면, 이 관계가 자신이 원하는 모습을 그리는 데 도움이 되는가, 반대로 시간을 낭비하는 기분을 불러일으키는가. 혹은 중심 화제가 불만과 비난만 가득한가, 아니면 서로의 성장을 도모할 수 있는가를 생각해보자.

인간관계는 서로 영향을 주고받으며, 이것이 자신의 인식과 생각을 바꾸는 계기가 되기도 한다. 따라서 다양한 의견과 경험을 가진 타인들과 좋은 관계를 맺음으로써 자신의 관심사를 발견하고, 새로운 경험을 함께 공유하며 관심사를 넓히고 성장하는 기회를 얻을 수 있다.

'좋아요'를 탐색하면 '나 자신'이 보인다

요즘 SNS는 우리의 삶에서 빠질 수 없는 역할을 한다. SNS 플랫폼을 통해 소통하고 정보를 얻으며, 취미를 즐기며 일상을 공유한다. 또 다른 사람의 게시물을 보고 '좋아요' 버튼을 누르며 공감을 나타내기도 한다. '좋아요' 버튼은 SNS에서 콘텐츠와 상호작용하는 방법 중 하나인데 자신의 취향과 관심사를 나타내는 일종의 지표가 된다. 대부분 '좋아요' 버튼을 누른 게시물에는 본인이 관심을 가질 만한 정보가 포함되어 있다. 예를 들어, 그림을 좋아한다면, 전시 관련 게시물에서 작품이나 작가의 정보에 '좋아요'로 공감을 표현한 것이다. 또한, 유사한 콘텐츠를 추천해주는 알고리즘을 통해 자신의 관심사와 취향과 일치하는 다른 콘텐츠를 발견할 수 있다. SNS에서는 자신의 취향과 관심사에 대한 정보를 탐색할 수 있는 다양한 방법이 제공되기 때문에 정보의 범위를 넓힐 수 있는 순기능도 제공된다. 예를 들어, 알고리즘이 추천한 책 리뷰나 인용구를 보고 해당 서적을 추가로 검색하거나 구매해서 읽어보는 등 행동이 확장되기도 한다.

물론 SNS에서 '좋아요' 버튼을 누른 것은 자신의 관심사와 취향을 일부 나타낼 수 있지만, 자신이 좋아하는 모든 것을 대변하지는 않는다. 그리고 SNS에서 '좋아요' 버튼을 남발하는 것은 우리 자신의 취향과 관심사를 왜곡시킬 수도 있다. 때로는 다른 사람들과 비슷한 취향과 관심사를 가지고 있다고 생각해서 그들이 좋아하는 것을 무의식적으로 따라 하는 때도 있다. 이런 경우에는 우리 자신의 취향과 관심사를 찾기보다는 타인의 취향과 관심사를 따르게 된다.

따라서, '좋아요' 버튼을 누르는 것과 함께 우리 자신의 취향과 관심사를 파악하고 발전시키기 위해서는 SNS 사용 목적을 다시 세팅하는 것이 좋다. 이를테면 여태껏 보았던 콘텐츠들이 그저 시간 보내기 목적이든 퇴근 후 회사와 영혼을 단절하기 위한 목적이든, 지금부터라도 자신의 관심사를 찾기 위한 기초 정보 수집용으로 통일하는 식이다.

SNS 콘텐츠를 탐색할 때는 최근 이슈나 반짝 유행하는 키워드를 제외하고, 자신이 지속적이고 반복적으로 탐색한 키워드에 주목해야 한다. 이를 통해 내가 관심을 가지는 분야를 파악하고, 이를 바탕으로 나의 SNS 콘텐츠를 정리하여 통일시키는 것이 효율적이다. 정리하는 과정에서는 자신이 의도적으로 누른 '좋아요'를 찾아내고 어떤 콘텐츠에 관심이 있는지를 가려내는 것이다. 이것으로 자신이 관심을 두는 분야를 알 수 있게 되고, 이를 바탕으로 직업 탐색의 기초 자료를 모으게 된다.

직업을 탐색하려면 먼저 자신에 대해 알아야 한다. 자신의 성향과 관심사를 파악하면 직업 탐색의 기반이 마련된다. 이렇게 수집한 정보는 앞으로 흥미를 느끼는 분야를 찾는 데 도움이 된다.

결핍과 약점이 인생의 걸림돌이 되지 않게 하는 방법

질투와 위축감은 결핍의 다른 얼굴

카카오톡 친구 목록을 보면 특정 친구들이 상단에 별도로 표시되는데, 프로필 사진이나 문구를 업데이트했다는 의미로 빨간 점을 찍어 구분해 놓는다. 나는 연락이 뜸한 사람들의 변화를 확인하기 위해서 가끔 업데이트된 프로필을 열어보곤 한다.

그러다 보면, 때로는 큰 변화를 맞이한 친구들을 보게 되는데, 그 변화가 놀라움과 동시에 충격으로 다가오거나 그들의 변한 삶의 모습에 여러 가지 감정을 느끼게 된다. 예를 들면, 운동과 다이어트로 인해 외모가 극적으로 바뀐 경우나, 뜻밖의 직장에 취업하거나 승진을 했다거나, 사업가로 크게 성장하여 성공을 과시하는 모습 등을 볼 때, '현타', 즉 '현실자각타임'이 세게 오는 것이다. 이러한 상황에서는, 그들의 변화가 사진 보정이나 쇼윈도 삶일 거라는 자기 위안도 하지만, 동시에 부러운 마음도 생긴다. 이러한 감정이 한번 일어나면 마음속에서 걷잡을 수 없이 다양한 생각이 번갈아 떠오르게 된다.

한 번은 그런 경험이 있었다. 잠자기 전, 오랫동안 못 본 지인의 프로필을 무심코 열어봤다. 그 지인은 휴양지로 이사를 해서 아름다운 정원과 넓은 수영장이 있는 자신의 멋진 단독주택을 자랑했다. 마침 이사를 고민하고 있던 내 상황이 겹친 터라, 못나게도 갑작스러운 박탈감과 부러움을 느끼며 질투심이 일었다.

시기나 질투는 나보다 우월하거나 더 잘 되는 사람을 미워하는 감정이다. 이는 결국 내가 부족하거나 가지고 있지 않은 것에 대한 심리적 결핍에서 비롯된다. 이 결핍은 나를 뒤처지는 사람으로 느끼게 하고, 좌절감에 빠뜨린다. 게다가 요즘은 스마트폰과 인터넷으로 쉽게 다른 사람들의 삶을 엿볼 수 있어서, 넘치는 시각 정보에 우리는 결핍을 너무 쉽게 받아들이고 느낄 수밖에 없다. 그러나 이러한 결핍을 올바르게 다루기 위해서, 먼저 자신의 감정을 인식하여 자연스럽게 받아들이고 이를 긍정적으로 해석할 필요가 있다. 예를 들어, 자신이 더 나은 방향으로 발전하고자 하는 욕구에서 비롯된 감정으로 생각할 수 있다. 이러한 관점을 가지고 감정을 다룬다면, 자신의 감정을 보다 건강하게 관리할 수 있을 것이다.

“이 친구에게는 결핍이 필요해요”

반려묘 두 마리를 키우고 있어 동물병원에 갈 일이 종종 있는데, 병원 대기실 모니터는 항상 KBS2에서 방영하는 프로그램 <개는 훌륭하다>로 고정되어 있다. 이 프로그램은 주로 반려견의 문제행동을 교정하는 내용을 다루는데, 강형욱 훈련사의 훈련법은 때로는 그 전후 효과가 극적이어서 대기시간의 지루함을 잊는다. 한 번은 입질이 아주 심한 개가 등장해 주인까지 공격하는 위기의 상황이었다. 이때, 강형욱 훈련사가 훈련과정에서 견주의 행동을 지적하며 한 말이 인상적이었다. 그는 “사랑, 당연히 받는 거 아닙니다. 이 친구에게는 결핍이 필요해요”라고 단호하게 지적했다. 모든 것을 당연히 받아야 한다고 생각하는 순간 문제가 일어날 수 있다는 점을 내포하며, 사랑하면 오히려 어려움과 시련이 필요하다는 것을 강조했다.

결핍이 필요하다는 말은 강아지 훈련에만 한정되는 충고는 아닐 것이다. 때로 모든 것을 가진 것 같은 사람들이 문제를 일으키는 것을 볼 때, 이들에게 당연하게 주어진 풍족함이 오히려 옳지 못한 행동을 이끌었다는 것을 암시하기도 한다. 바라고 원하는 것이 어떠한 어려움도 없이 논스톱으로 채워질 때 만족감은 빠르게 휘발되고, 상대적으로 더 큰 정서적 허기가 남게 된다. 강 훈련사의 말처럼 “무조건 받아주고 감쌀수록 더 비뚤어진다.”라는 것은, 결핍을 모르는 사람이나 동물이나 마찬가지일 것이다.

결핍은 나의 성장 동력

나의 콤플렉스와 결핍을 알아차리고 건강하게 활용하면, 내 부족함을 보완할 수 있는 강한 성장 동기이자 가야 할 곳을 알려주는 방향타가 될 수 있다. 나는 어린 시절 경제적인 이유로 부모님이 자주 다투는 모습을 보고 자란 이유로, 어른이 되면 돈을 많이 벌겠다는 각오가 저절로 생겼다. 그리고 성인이 되자, 스스로 밥벌이를 하라는 방목형 가정 경제교육 덕분에 부모님의 지원은 고등학교 졸업과 동시에 끝이 났고, 학자금 대출 상환과 기본 생활비를 위해 아르바이트를 하느라 MT나 동아리 활동과 같은 대학 생활의 즐거움은 거의 누리지 못했다. 하지만 이러한 경험이 내가 원하는 삶을 위해 더 열심히 노력하도록 이끌기도 했다.

나의 결핍은 돈이었고, 돈은 곧 절실함이었다. 내가 할 수 있는 것은 모두 시도해야 했다. 그 덕분에 일찍 공부방과 게스트하우스사업을 시작했고, 부동산 공부와 투자로 26살 무렵 처음으로 내 명의의 등기부를 품어보기도 했다. 그리고 세상을 바꿔보리라는 큰 꿈을 갖고 일찍이 플랫폼 사업과 공간 사업 등에 투자하는 등, 결핍을 보완하기 위해 그 당시 또래보다 많은 시도를 하고 경험을 쌓았다. 하지만 몇 차례 큰 파도를 맞은 후, 그동안의 실패들로 결핍감은 더욱 깊어졌지만 "더는 이렇게 살 수 없다"라는 목소리를 내며 다시 일어나도록 자극하는 동력이 되고 있다.

듣기 싫은 잔소리는 나의 약점을 파악하는 지름길

결핍이 절실함의 다른 이름이라면, 자신의 약점은 성장의 다른 이름이 될 수 있다. 그러기 위해서는 먼저 자신의 약점을 인식하고 인정하는 것이 중요하다. 하지만 자신이 부족한 부분을 파악하기조차 쉽지 않을 수 있는데, 때로는 무엇이 부족하고 무엇을 바꿔야 하는지 본인만 모르고 있거나, 알고 있다 하더라도 대수롭지 않게 넘겨버리는 일도 있다. 만약 늘 같은 문제로 주변 사람과 갈등이 생긴다면, 다른 사람의 조언을 경청하여 자신의 약점을 파악하고, 개선할 방법을 찾아보는 것이 필요하다.

시간 개념이 없어 약속 시각에 도착해야 할 때 그제야 출발하고 수시로 지각하는 사람을 예로 들어보자. 이러한 습관은 예상할 수 있는 많은 문제를 일으킨다. 늦을 때마다 다양한 핑계를 대고, 상대방은 매번 기다리다 지쳐 결국 그 사람을 신뢰하지 않게 되는 등의 문제가 생긴다. 친구 관계에서는 사과하고 한 끼 밥을 사면 문제가 해결될 수도 있겠지만, 비즈니스 관계에서는 지각으로 인해 발생하는 비용과 신뢰 문제 등이 치명적일 수 있다. 기다리는 사람은 분노하고, 늦는 당사자도 마음이 힘들어진다. 자신이 늦는 것을 알면서도 미리 행동하지 못한 것에 대해 자책하고, 매번 핑계를 대는 것이 한심하게 느껴질 것이다. 그러나 이러한 상황이 반복되는 것을 단지 '알고만' 있는 것만으로는 문제가 해결되지 않는다. 만약 이런 지적이 계속해서 반복되고 있다면, '시간 개념 부족'이라는 약점을 '약속 장소에 10분 일찍 도착'과 같은 구체적인 조치로 개선해야 한다.

또 다른 예로, 매사에 부정적이며 자신의 문제를 남 탓으로 돌리는 경우다. 이들의 가장 큰 약점은, 문제가 자신에게 있음을 인정하지 않는 것이다. 습관적으로 불평과 불만을 표출하며 주어진 상황에 해결할 수 '없는' 수만 가지 핑계를 대고 남을 비난할 이유부터 찾는다. 이런 태도는 대인관계에서 갈등을 일으키고 주변 사람을 괴롭게 만든다. 이러한 행동은 매우 소모적일 뿐만 아니라, 결국 자신을 스스로 고립시키는 결과를 초래한다.

긍정적인 사고는 기회를 찾아내지만, 부정적인 사고는 핑계만 찾는다. 항상 '누구 때문에'를 입에 달고 사는 사람들은 겉으로는 강하고 우월한 모습을 보이지만, 실제로는 자신을 믿지 못하는 사람일 수 있다. 스스로 문제를 해결할 수 있다는 책임감과 자기 신뢰가 없으므로 언제나 다른 사람에게 책임을 전가하는 것이다. 이렇게 불평과 타인을 탓하는 습관이 일상화되면, 심리적 건강의 해를 끼치는 동시에 문제 해결에도 방해가 된다. 이런 습관은 자신과 타인 간의 관계를 망가뜨리는 치명적인 약점으로 작용한다. 이것을 개선하기 위해서는 일상적으로 취하는 시선과 접근 방식을 변화시켜야 한다.

어느 날, 나는 유튜브로만 보던 법륜 스님의 강좌가 때마침 인근에서 열려 청강하게 되었다. 법륜 스님은 재미와 동시에 의미 있는 메시지로 한 시간을 가득 채웠는데, 그중에서도 "불만족을 해결할 수 있는 유일한 심리적 기제는 감사함"이라는 내용이 깊은 인상을 남겼다. 이를 실천하기 위해서 매일 감사한 일을 다섯 가지 적어보라는 것인데, 이것을 하면 깜짝 놀라는 일이 생긴다고 했다. 첫 번째는 '적을 게 없어서'이고, 두 번째는 '늘 똑같은 것만 적어서'라고 하기에 나 역시도 그런 경험이 떠올라 슬며시 웃음이 났다. 하지만 시간이 지나면 작은 것이라도 감사할 일을 '의식적'으로 찾아보게 되고, 계속하다 보면 '밝아져서 많이 보인다.'라고 한다. 이는 단순한 연습에만 머무르는 것이 아니라, 자주 잊고 있는 소중한 존재들에게 항상 감사한 마음을 가지고 삶에 적용하는 것을 말한다. 인생이 불만과 불만족으로 차 있을 때, 자기 생각을 '불평'과 '너 때문에'에서 '감사'와 '네 덕분에'로 전환시켜 삶의 빈 곳을 채워보면 어떨까. 이렇게 변화를 시도하면, 남이 하는 쓴소리가 나의 인생의 전환을 가져오는 단소리로 돌아올지 모를 일이다.

약점을 고치려면 무엇부터 해야 할까?

우리 행동에 변화가 없을 때 어른들이 흔히 하는 말이 있다. '아직 안 급하군' 또는 '아직 배가 불렀네'이다. 비록 좋게 들리지 않을 수 있지만, 변화 없는 행동을 바꾸기 위해서는 종종 위기감을 느끼는 것이 필요하다는 것을 말하고 있다. 만약 자신의 행동이 원하는 방향으로 변경되지 않을 경우, 최악의 시나리오를 작성하여 자신의 문제가 반복될 때 일어날 수 있는 모든 영향을 진지하게 떠올려본다. 그 문제를 내버려 둠으로 인해 얼마나 더 큰 문제가 뒤이어 올 수 있을지 경각심을 가지는 것이다.

만일 여러 문제가 존재한다면, 더 큰 위험성을 가지는 문제를 우선하여 다뤄야 한다. 그러기 위해서는 필요한 행동 순서를 결정하는 것이 중요하다. 예를 들어, 항상 약속 시각을 지키지 않고, 사전 검토 없이 남의 말만 듣고 일을 벌여놓는 습관 때문에 주변 사람들과 갈등이 생겼다면, 이 중에서 더 큰 위기에 해당하는 자신의 상황을 먼저 고려해야 한다. 그런 다음, 복잡한 문제 중에서도 적은 노력으로 짧은 시간에 바꿀 수 있는 작은 일부터 먼저 하는 것이다. 처음부터 노력과 시간이 많이 소요되는 문제를 먼저 해결하려고 한다면, 중도에 쉽게 포기할 수 있다. 그러므로 더 큰 위기에 해당하는 문제를 먼저 고려하되, 그 문제를 해결하기 위해 우선하여 취해야 할 작은 행동을 결정하는 것이 필요하다.

약점을 알았다면 이제는 꾸준함

습관은 행동을 반복시키는 힘이 강하다. 그래서 결함과 약점을 깨닫고 성공을 향해 나아가겠다고 다짐한 순간에도, 잠시 후에는 예전과 다름없이 살아가기 마련이다. 이런 모습을 보면 좀처럼 희망적이지가 않다. 하지만 모든 변화에는 대가가 따른다. 예를 들어, 약속 시각을 지키기 위해서는 잠을 줄이고 식사를 거르는 등의 희생이 필요할 수 있다. 익숙한 것에서 벗어날 대가를 치를 준비가 되지 않으면 마음먹은 만큼 변화를 기대할 수 없다.

살아온 시간만큼 몸에 붙은 습관과 생각은 그보다 더 강한 자극과 결심이 반복되어야만 변화를 가져올 수 있다. 그러니 매 순간이 고비일 것이다. 다이어트를 결심했으나 운동을 조금 했다는 보상심리로 치맥에 손을 대는 유혹은 거듭해서 온다. 다시 마음을 잡고 원하는 결과를 얻기 위해서는 계속하는 수밖에 없다. 자신의 몸에 뿌리내린 관성을 극복하기란 쉽지 않다는 것은 모두가 알고 있다. 그렇기에 한계를 극복한 스토리에 감동하는 것이다.

나의 장점을 파악하는 5가지 질문

그거, 진짜 당신의 장점 맞나요?

어쩌면 우리는 한 번쯤, 자신이 꿈꾸는 회사의 면접장에서 본인 장점에 관해 질문을 받은 적이 있을지 모른다. 대부분은 그럴 때 회사에서 원하는 인재상과 일치하는 모범답안을 꺼내놓는다. 그러나 이때 말한 장점이 실제로 자신의 것인지는 의문이다. 예를 들어, 팀워크가 중요한 업무에 지원하는 경우, 소심하고 내성적인 성격이라 타인에게 자신의 의견을 말하는 것을 겁내고 어색해하는 사람일지라도, 면접에서는 '팀원들과 적극적으로 소통하며 공동목표를 달성하는 것'을 선호하는 인상을 줄 것이다. 그러나 이런 식으로 면접을 통과하여 입사한 회사가, 더군다나 분위기가 경직된 조직이라면, 자신의 능력을 제대로 발휘하거나 적응하기란 쉽지 않을 것이다.

이처럼 본인의 장점을 외부 요건에 끼워 맞춘다면 결국은 '적성'이 자신의 발목을 붙잡고 만다. 이는 자신의 장점을 충분히 인식하지 못한 결과로, 끊임없는 적성과 이직 고민을 초래할 수 있다.

긍정은 넘어진 아이도 춤추게 한다

1분 이내의 짧은 동영상, 일명 '숏폼'에서 노란 티셔츠를 입고 양배추 머리를 한 약 대여섯 살쯤 보이는 어린아이가 자전거를 타다 넘어졌다. 일반적으로, 대부분 어린이는 놀란 마음에 넘어지면서 울음을 터트린다. 하지만 영상 속 이 아이는 재빨리 바닥에 손을 짚고 일어나더니 곧이어 어깻짓을 하며 배와 엉덩이를 리드미컬하게 움직이며 춤을 추었다. 그 의외의 모습이 어찌나 유쾌하고 사랑스러운지, 미소를 가득 머금고 함께 내적 댄스를 추고 말았다.

그 짧은 영상의 제목은 무려 '삶의 역경이 닥칠 때 가져야 할 자세'이다. 2만이 넘는 조회 수에 1700건에 달하는 댓글 중에는 '역경이 닥치면 우리도 춤을 추자', '롤모델이다', '앞으로 빡치면 춤을 춥니다' 등의 재미있는 반응이 보였다. 현세에 찌든 이모, 고모, 삼촌들은 아주 '빡이 치는' 상황에서 태연하게 춤추는 모습을 그려보는 것만으로 '역경'이라는 단어가 왠지 가볍게 느껴졌을 것이다.

이 어린아이에게는 '긍정력'이라는 엄청난 장점이 있다. 살아가면서 이런 태도는 어려움 앞에서도 상황을 유연하게 풀어갈 수 있을 것이다. 미래에 저 아이가 성인이 되어 부딪치게 될 많은 문제를 어떻게 대할지 상상하면, 유머는 더 늘고 행동은 더욱 자신감 넘치지 않을까 생각해본다. 정말 제 마음도 어쩔 수 없는 경우엔 'So what? 그래서 뭐?'라고 쿨하게 제 갈 길을 가지 않을까? 긍정은 실제로 상처의 회복을 앞당기고 정체의 기간을 줄여주니 말이다.

돌발적인 상황에서 우연히 나온 아이의 행동은 10년도 채 안 되는 그의 인생이지만 그동안 누적되어온 가치일 것이다. 자신의 장점은 살아온 궤적을 따라 일상의 어떠한 순간의 감정에서, 어떤 상황과 맞닿은 태도에서 발견된다.

일상에서 자신의 장점에 대해 알아볼 수 있는 5가지 질문법이 있다. 다음 질문을 따라 자신의 상황을 떠올려보자.

질문1 : 시간 가는 줄 모르고 빠졌던 경험, 몰입의 시간이 언제인가?

2004년 4월 봄, 김윤아의 '봄이 오면' 곡에 헤어나오지 못했던 시간이 있었다. 간결하고 단아한 멜로디에 눈앞에 하얀 봄꽃 가득 펼쳐진 듯 아름다운 가사에 매료되었다. 그녀만의 청량하지만 담담한 듯 서글픈 목소리는 한없이 처량한 봄기운에 빠져들게 했다. 어린 시절부터 노래를 듣고 부르는 것을 좋아했지만, 그토록 가사를 공감각적으로 느낀 것은 이전에는 기억에 없고 기록도 없으니, 아마도 이날 이후라고 해야겠다. 그날의 일기에는, 돌아오지 않을 이를 그리며 '봄이 오면 하얗게 핀 꽃 들녘으로 당신과 나 단둘이 봄 맞으러 가야지'라고 담담하게 노래하는 그녀의 목소리를 수없이 반복해서 들으며, 시의 형식도 무엇도 모르지만, 그 비슷한 것을 끄적였다.

여자의 봄은
사랑하고 있어도
사랑하고 싶은 계절이란다.

뺨 끝에 닿는 날카로운 바람에
메마른 겨울나무 기둥에
그것이 아니라,

눈 시린 햇살과 화사하게 내리는 꽃잎에
외로움이 미칠 듯이 흩날리는 계절이란다.

사방에 풀냄새, 꽃향기에
온 감각이 취하는 것이 아니라,

원인 모를 서글픔에 마비된 채
숨 멎는 계절이란다.

북적이는 사람들 사이로
배경은 흰 물살처럼 흘러도

여자의 마음은
색깔 없이 텅 빈 그림자만
길게 자리 잡은 계절이란다.

얼굴 없는 그리움에 목메는 계절이란다.

-〈계절아, 봄아, 어서 흩어져 버려라〉(2004. 04.19)

직장인 밴드에서 보컬을 맡은 지금도 노래를 부를 때는 가사가 담아내는 이야기의 주인공이 되곤 한다. 연주와 가사가 하나가 되어 나를 완전히 잊은 채로 감동하는 순간은 특별하다. 어쩌다가 발매한 앨범이 한 장 있지만, 직업으로 활동하는 전문 음악가는 아니어서 음악적 역량은 여전히 부족하다. 듣는 이들의 만족을 충족시키는 것은 어려울지 모르지만, 내가 애정을 가지고 즐기는 취미를 통해 타인과 공감할 수 있는 감정의 세계를 탐험하는 것은 큰 축복이다.

가끔 자신들의 숨겨진 이야기를 고해성사하듯 풀어놓는 이들을 만날 때나, 함께 이야기하면 마음이 편해진다는 이야기를 듣게 되면, 다른 이들의 감정과 고민을 공감할 수 있다는 것에 대해 무엇보다 감사함을 느낀다.

질문2 : 주변 사람들에게서 자주 듣는 칭찬이 있는가?

2010년 상해 엑스포를 기점으로 중국 부동산 시세가 폭등하기 전, 중국 부동산 투자를 목적으로 중국어를 배우기 시작했다. 언어 장벽 때문에 부당한 일을 당하지 않기 위해 열심히 공부했던 것 같다. 1년 정도 중국어에 몰입한 후, 2009년 상해를 방문해 부동산 시장을 조사했다. 그러나 이미 예산을 훌쩍 초과한 시세 때문에(지금에 비하면 매우 싸지만) 매물을 포기하게 되었다. 이후 학습 욕구는 자연스럽게 줄어들었지만, 여전히 새로운 분야에 도전하는 것에는 머뭇거림이 적은 편이다. 이렇게 관심이 있는 분야에 대해 일단 시도부터 하고 보니 가장 많이 듣는 말이 '추진력 갑'이다.

특히 배우고 싶은 분야가 있으면 낯설더라도 우선 경험해보는 것이 중요하다고 믿는다. 2013년쯤에는 영국 유학을 마음먹고 차례로 사업과 자산들을 모두 정리하고 낯선 땅에 나를 던져

놓았다. 어느 역술인에게 '대.역.마'가 끼지 않고서야 보통 그런 결정은 하지 않는다는 말을 듣기 전까진 다들 그런 줄 알고 살았다. 덕분에 정해진 궤도에서 벗어나 새로운 시야를 연 다양한 경험을 할 수 있었다.

홍길동처럼 동에 번쩍 서에 번쩍 나타나기 일쑤여서 내가 '길동'이라고 별명을 붙여준 동생이 있다. 이 친구는 유니콘을 꿈꾸는 스타트업 초기 멤버이면서 스킨스쿠버, 요트, 골프뿐만 아니라 제주 해녀에다가 인명구조 자격증에 해양 쓰레기 줍는 운동 등 활동 영역도 다양하다 보니 만나는 인간관계도 폭넓다. 밀어붙이는 추진력도 있고 저지르고 보는 실천력과 한번 시작한 것은 꾸준하게 밀고 가는 근성도 있다. 누구나 관점은 비슷할 텐데 이 자질이 어디 내 눈에만 보일까. 이처럼 한 사람의 장점은 그 사람 자체로 설명되는 때도 있다.

질문3 : 다른 사람을 돕거나 이롭게 한 경험이 있는가?

살아오면서 내가 남에게 도움이 된 적이 있는지 떠올려보면 대단히 널리 인간을 이롭게 한 적은 없는 것 같다. 회사를 운영할 때나 직원이었을 때나 성과를 올린 적은 있지만, 이러한 경험은 여기서 서사를 풀어낼 만큼 끌릴 만한 사례가 아니다.

대신 고양이 이야기를 해보고자 한다. 나와 16년을 함께한 고양이 둘이, 작년과 올해 차례로 별이 되면서 상실감이 꽤 크게 다가왔다. 하지만 이들의 빈자리를 곧바로 채우는 것은 지난 생명에 대한 예의가 아닌 것 같아 허전함을 버티며 지내던 와중에 인터넷 카페에서 입양 공지글을 보게 되었다.

"5살 페르시안 고양이를 입양 보냅니다. 작년에 태어난 아이가 천식이 있어서 키울 수 없게 되었어요. 고민 끝에 글을 올립니다."

페르시안 고양이는 장모종이라 얼마나 털을 뿜어대는지 나는 16년간 겪어서 잘 알기 때문에 갓난아기가 호흡기 질병이 있다면 엄마로서 할 수밖에 없는 고민이라 여겼다. 첨부된 사진을 보니 나의 첫 고양이와 똑 닮은 외모에 다섯 살이라는 나이도 처음 입양했던 당시 나이와 같아서 내 식구가 될 운명이라고 직감했다. 바로 입양신청 댓글을 남기려고 살펴봤더니, 공격적인 반응이 몇몇 있었다. 읽다 보니 과연 본인의 상황이라도 끝까지 함께한다고 자신할 수 있을지, 글쓴이에게 연민이 느껴질 정도였다. 만약 그 주인이 고양이를 무책임하게 유기했다면 나도 같이 줄 서서 폭격에 가세했을지 모른다. 그러나 더 나은 환경에서 좋은 주인을 만나 남은 묘생 동안 행복한 고양이로 지낼 수 있다면 5년간 함께해온 수많은 추억과 정을 떼어서라도 보내야 하는 그런 심정이 아니었을까. 그렇게 마음이 전달되어 자연스럽게 입양이 되었고 이후로 비슷한 사연의 또 다른 고양이를 입양하면서 우리 집은 두 마리가 복작대는 이전의 집 안 풍경으로 돌아왔다.

반려동물과 가족으로 함께하다 보면 자연스럽게 동물 복지, 서식지 파괴, 유기동물, 동물장례 등의 문제들에 관한 관심이 높아지게 된다. 나의 마스터플랜은 '공존'이라는 키워드를 바탕으로 동물과 자연, 사람이 상생하는 마을을 만드는 것이다. 이 꿈의 시작은 16년 전, 우연히 동물보호협회에 올라온 한 장의 사진으로 인연을 맺은 첫 고양이 '냥군이'를 입양한 이후부터였다. 나는 언젠가 그 마을의 이장이 되어서 지금보다는 더 많은 사람에게 이롭고 긍정적인 변화를 가져올 수 있는 인간이 되기를 꿈꾼다. 감히 그럴 예정이라고 예정해 본다.

질문4 : 업무(or 공부) 중 가장 흥미로운 점은 무엇인가?

2008년쯤, 큰돈을 벌 방법을 찾던 시기에 부동산 경매에 입문했다. 차근차근 공부하다가 조금씩 눈이 뜨이기 시작할 무렵, 나는 권리가 복잡한 물건을 분석하는 것에 흥미를 느낀다는 것을 알게 되었다. 법률 해석이 필요할 때면 유사 판례를 찾아보고 전문가들에게 자문하고, 입찰부터 매도까지 전 과정을 시나리오로 그려보고 공부하는 시간은 유익했다. 어렵거나 생소한 용어들을 배워가는 것도 흥미롭고, 대상 물건을 찾아가 지역 분석과 물건 분석을 하는 것은 호기심을 자극하며 돌아다니기 좋아하는 성향과도 잘 맞는 것 같았다.

실제 낙찰 후에도 일반 물건보다 문제가 더 많았지만, 학습하는 과정에서 이 일을 즐기는 이유는 분명했다. 첫째로, 경쟁이 적은 물건을 분석 중이라는 자부심과 높은 수익률을 기대할 수 있었다. 둘째로, 문제를 하나씩 해결할 때마다 느껴지는 성취감이 더해져서 밤을 새워서 고민해도 다음 날이 기대되었다. 그렇게 나의 흥미가 꽂히는 지점을 파악해보니, 도전적인 성향과 리스크에 대한 두려움이 적으며 목표를 가지고 성취하는 것에 집중하는 성향이 있다는 것을 알게 되었다.

질문5 : 성과를 낸 경험은 무엇인가?

어떤 한 가지 일에 투입한 꾸준한 시간과 디테일까지도 다듬는 노력이 더해지면 성과라는 객관적인 지표가 생긴다. 이것은 보너스가 될 수도 있고, 트로피가 되기도 하며, 명성이기도 하고, 이 사람이 잘하는 일이 무엇인지, 그 정체성을 한눈에 알 수 있는 징표가 되기도 한다.

요즘은 얼마나 사람들이 공감하고 열광하는지도 성과의 지표로 볼 수 있을 것 같다. 조금 지난 영상이지만, 여전히 기억에 남는 영상을 소개하고자 한다. '에버랜드 아마존 N년차의 멘트! 중독성 갑' 제목의 2분 30초짜리 유튜브 영상은 (이 글 쓰는 시점에 놀랍게도 약 2,500만 조회 수에 달했다) '젖으라고 만든' 에버랜드의 놀이기구에 손님들이 젖는다고 항의하자, 재치있게 클레임 방지용

'주의사항 랩'을 이용객에게 전달하는 것이다. 마스크를 쓰고 있지만 귀여운 눈웃음이 엿보이는 그 직원은 분명 속사포 랩 중이지만 텐션은 매우 평온했다. 적절히 성대를 보호하는 발성과 꼬임 하나 없이 귀에 박히는 정확한 발음, 근무 동안 수없이 반복했을 탓에 영혼은 없지만, 경지에 이른 듯, 전할 건 다 전하는 프로페셔널한 전달력은 중독되기에 충분했다.

"물에 젖고 물만 맞는 여기는 아마존. 아!마! 존조로존존! (중략) 머리~ 젖습니다. 신발~ 젖습니다. 옷 머리 신발 양말 다~ 젖는 겁니다. (중략) 입술 없어져요. 눈썹 지워지고요. 마스카라 번집니다. 앞머리~ 풀려요. 고데기 다시 해도 풀리는 여기는 아마존조로존존존."

2분 30초 동안 숨은 어느 구간에서 쉬나 싶을 정도로 빠른 랩인데, 여유 넘치게 "존조로존존"의 주의사항을 놀이처럼 전달하는 '요즘 20대의 스웨그'가 돋보였다. 무엇보다 영상을 시청한 직장인들은 '노동 찬가'라 부르며 열광했는데, 나는 마침 보험 규정을 랩으로 읽는 직원과 통화 중이었던 터라 직장인들의 공감 포인트를 직관적으로 이해할 수 있었다.

아마존 직원의 근황이 궁금해서 검색해보니 에버랜드는 퇴사했지만, 에버랜드 광고부터 화장품, 항공회사, 한국관광공사, 건강식품, 쇼핑몰 등 광고계를 종횡무진 누비고 있었다. 딱 하나, 기가 막히게 잘할 때까지 그 하나를 찾아서 파볼 만한 세상이다.

장점 더하기 장점은 나의 강점이다

일하는 데 있어 가장 행복한 때는, 어떤 것에 몰입하고 있는 순간, 노력이 보상받는 순간, 그리고 무엇보다 자신이 가치 있는 존재로 느끼는 순간이 아닐까 생각한다. 행복의 가치와 일상에서 발견되는 장점을 조합하면 자신도 몰랐던 또 다른 면이 태어난다. 자신을 아는 것은 거창한 데에서 시작하지 않아도 좋다. 누구나 타고난 장점은 있기 마련이다. 이것을 발견하기 위해 열심히 하루를 꿰어본다면 그 과정에서 발견한 자신의 장점이 또 다른 장점으로 연결되고 더 나아가 그것이 강점으로 단단해지는 순간이 찾아온다.

〈장점을 알아볼 수 있는 5가지 질문법〉

질문1 : 시간 가는 줄 모르고 빠졌던 경험, 몰입의 시간이 언제인가?

질문2 : 주변 사람들에게서 자주 듣는 칭찬이 있는가?

질문3 : 다른 사람을 돕거나 이롭게 한 경험이 있는가?

질문4 : 업무(or 공부) 중 가장 흥미로운 점은 무엇인가?

질문5 : 성과를 낸 경험은 무엇인가?

'자신의 퍼스낼리티' 추출 방법

저는 내·외향적이고 즉흥·계획적인 사람입니다만…

학창 시절에는 새로운 친구들과 가까워지고 싶으면 혈액형이 뭔지 물어봤다. 혈액형별 성격 이론은 성인이 되어서도 종종 친목 자리에서 주고받는 대화 소재였는데, 가령 A형은 소심하고, B형은 자신감이 넘치며, O형은 치밀하고, AB형은 이중인격(?) 정도로 분류했던 것 같다(파생이론으로는 혈액형별 궁합도 있다). 나의 절친 중 한 명은 30년이 넘도록 A형으로서 '소심한 삶'을 충실히 살았는데, 아이를 출산할 당시 충격적이게도 자신이 B형이란 사실을 알게 되었다. 그런 줄 알았으면 진작에 대범하게 살았어야 했다며 B형답게 웃었다.

요즘은 혈액형 대신 너나 할 것 없이 MBTI를 물어본다.

MBTI는 많은 사람이 사용하고 있는 성격 유형 검사 중 하나이다. MBTI는 E(외향)/I(내향), S(감각)/N(직관), T(사고)/F(감정), J(판단)/P(인식) 등 4가지 선호 지표의 알파벳 한 글자씩을 조합해 성격 유형을 16가지로 분류한 것이다. 각각의 성격 유형에 대한 특징과 경향성을 나타내는데, 자신과 타인을 이해하는 도구로 자주 활용된다. 간략히 예를 들어, 나는 ENFP인데 외향적이고 직관적이며 감정에 충실하고 상황에 유연하다 정도로 풀이된다. MBTI는 주변에서 사적으로나 기업에서도 널리 사용되고 있어, 성격 유형을 절대적인 지표로 여기기도 한다. 그러나 각 유형의 주요 특징을 살펴보면, 혈액형과 유사하게 상당 부분 교차하는 예도 있다. 심지어 나의 경우, 일할 때는 ENFP와는 반대 성향인 INTJ의 특징도 나타난다. 내향적인데 외향적이고, 주관적이면서 동시에 객관적이고, 계획적인데 즉흥적이란 얘기다. 이러한 분류는 사람의 성격을 하나의 유형으로 특정하기에 상황의 복잡성을 충분히 설명해 주지 못할 수 있다. MBTI는 성격을 이해하는 일종의 출발점으로 볼 수 있지만, 성격을 완전하게 설명하거나 예측할 수 있는 도구는 아니다. 인간의 성격은 다양한 관계에 영향을 받으며, 상황에 따라 변할 수 있기 때문이다.

'퍼스낼리티(Personality)' 즉, 성격이란 라틴어 '페르소나(persona)'에서 유래되었다. 이는 다양한 배역을 소화하기 위해 고대 그리스 배우들이 쓰던 가면을 말하는데, 심리학자 구스타

프 융(Carl Gustav Jung)은 인간이 각자 맡은 역할과 상황에 따라 다양한 모습으로 관계를 이룬다고 주장하였으며, 이러한 다양한 모습들이 모여 우리의 '성격'을 형성한다고 이야기한다. 따라서 성격이란 근원적으로 바뀌지 않는 타고난 특질뿐만 아니라, 사회적 맥락에 따라 변화할 수 있는 것으로 인식된다.

〈나는 솔로〉가 가르쳐준 힌트

나는 SBS PLUS와 ENA PLAY에서 하는 예능 프로그램 〈나는 솔로〉를 즐겨본다. 이 프로그램은 솔로인 남녀들이 사랑을 찾아가는 과정을 담은 것으로, 그들의 감정 단계를 따라가는 설정이 설레고 흥미진진하다. 이 프로그램의 가장 큰 매력은 출연자들이 마음에 드는 상대에 대한 감정을 며칠간의 데이트와 다양한 미션을 통해 변화하는 과정에 따라 관찰할 수 있다는 점이다. 어떤 출연자는 능숙하고 현란한 말솜씨로 상대에게 매력을 어필하는 반면에, 이성을 대하는 방식이 감히 무엄할 정도로 서툰 출연자도 있다. 그리고 그런 출연자들이 또 다른 상대와 만나면서 달라지는 모습을 볼 수 있다는 것도 재미 중 하나다. 서로의 매력에 걷잡을 수 없이 끌렸다가도 자신이 중요하다고 생각하는 가치와 기대가 다르면 생각을 재정비하고 대상을 변경하기도 한다.

우리는 배우자를 선택할 때 모든 상황에서 발현되는 성격을 모두 다 지켜볼 만큼의 시간과 지성(至誠)을 들일 수 없다. 그래서 먼저 삶을 대하는 태도와 방향이 일치하는지 점검하는 프로세스를 대체로 질문과 대화를 통해 '잘 통하는 사람'인지 항목에 두고 살펴보게 된다. 어떤 조건보다도 가치관이 일치하는 사람인지 우선되어야 복잡한 결혼 생활이 그나마 편하다는 인생 선배들의 조언도 이에 한몫한다.

자신의 인생의 가치와 결이 비슷한 결혼 상대를 선택하는 것처럼, 삶에서 많은 부분을 차지하는 일을 선택할 때에도 자신의 성격적 특성과 인생의 가치가 부합하는지 따져 봐야 하는 것은 어찌 보면 당연하다. 성격과 가치관은 서로 밀접한 관계를 맺으며, 어떤 것을 중요하게 생각하고, 어떤 것에 대해 강한 의견을 가지는지를 나타낸다. 자신의 성격과 가치관을 이해하려는 고민은 자신의 적성과 역량을 발휘할 수 있는 일을 선택하도록 이끈다.

나는 자신의 성격적 특성과 인생에서 중요하게 여기는 가치를 파악하기 위해, 삶의 핵심가치를 4가지 측면으로 분류하고 간략히 정리해보았다. 이것은 개인역량, 내적 성장, 인간관계, 그리고 물질적 만족으로 구성된다. 개인역량과 내적 성장은 신체적, 정신적 건강을 유지하고 지속으로 역량을 강화하여 성취감과 자기 효능감을 높이는 것이 중요하다는 것을 말한다. 인간관계는 가족, 친구, 연인, 동료 등과의 관계에서 사랑과 신뢰 등을 충족시키는 것을 나타내며 공감과 안정감을 제공한다. 물질적 만족은 필요한 수준의 경제적 안정과 편안한 삶을 영위하는 것이며, 원치 않는 일에서 벗어나는 경제적 자유를 나타내기도 한다.

자신의 인생 목표와 가치관에 어떤 점이 가장 두드러지는지, 어떤 영역이 내 인생의 행복에 영향을 미칠지 생각해볼 수 있을 것이다.

가치 영역	핵심가치	중요성
개인 역량	업무능력, 전문성, 성취감, 신체적 능력, 학업능력 등	• 자신의 능력을 최대한 발휘하여 일을 수행한다. • 지속적인 자기계발을 동반한다.
내적 성장	자아실현, 심리적 안정, 성취감, 자기인식, 감사와 인내 등	• 자신에 대한 높은 신뢰와 존중을 둔다. • 긍정적인 마인드와 태도를 유지하여 자신의 성장과 발전을 추구한다.
인간 관계	소통, 상호존중, 신뢰, 공감, 관용, 사랑 등	• 타인을 이해하고 공감하며 서로에게 지지와 안정감을 줄 수 있다.
물질적 만족	경제적 안정과 자유 추구, 삶의 질 향상 등	• 불안감과 부족감을 느끼지 않고, 안정적이고 풍족한 삶을 살 수 있도록 한다.

직업을 계획하고 선택할 때에도 마찬가지로 자신의 성격적 특성과 인생의 가치를 고려하며 결정하는 것이 중요하다. 예를 들어, 일에서 독보적인 성과를 인정받고자 하는 사람은 목표를 적극적으로 추구하는 경향이 있다. 이러한 가치관은 자신이 일하는 분야에서 최고가 되고자 하는 욕구를 나타낸다. 이들은 경쟁이 치열한 환경에서도 성과를 발휘하고 자신의 역량을 계속해서 강화하는 것을 목표로 삼는다. 이들에게 있어서 중요한 것은

일에서뿐만 아니라 삶 전반에 걸쳐서 지속적인 성장과 발전의 추구이다. 그러므로 직업 선택도 이런 가치관에 부합하는 분야를 고려해야 한다.

자신의 목표와 가치에 부합하는 일을 찾기 어렵다면, 반대로 자신이 견딜 수 없는 목표나 가치관에 접근해 보는 것도 진정한 직업 선택을 위한 한 가지 방법이 될 수 있다. 가령, 인간관계를 가장 중요한 가치로 여기는 사람이라면 남을 속이고 기만하는 일은 아무리 높은 연봉을 받을지라도 할 수 없을 것이고, 성취가 중요한 사람은 배움과 성장이 없는 단순반복 업무를 견딜 수가 없을 것이다. 대화와 소통이 주요 가치라면 소통 불능의 조직과 일을 한다는 건 마치 고문을 받는 것과 같을 것이다. 이렇듯, 결혼 생활과 마찬가지로 일에서도 나의 가치관과 간극이 크면 클수록 내 성격은 참을 수 없는 지경에 이르게 될지 모른다.

나의 가치관에 맞는 직업을 찾기 위해

요즘 직장에서 MZ 세대에게 "그냥 시키는 대로 해"라고 하면, 그들은 단순히 "네, 그냥 (집에) 갈게요"라고 할지도 모른다. 대부분의 '요즘 애들'은 자신의 의견을 표현하도록 교육받았기 때문에 이해하지 못하는 것을 맹목적으로 받아들이지 않는다. 기성세대들은 지시에 따라 일을 수행하는 것을 당연시하고, 개인적인 의견이나 생각을 밝히는 것보다는 조직이나 회사의 목표 달성을 중시한다. 반면에 많은 젊은 세대들은 개인적인 의견이나 생각을 중요시하며, 그들은 자신의 가치관에 부합하지 않는 일을 하기보다는 일하는 의미와 목적을 중시하는 경향이 있다.

가치관은 경험이나 학습으로 형성되며 세대마다 우선으로 중요하게 여기는 가치가 다를 수 있다. 그렇다면 자신이 어떤 가치를 중요하게 생각하는지 발견하지 못한 사회 초년생에게는 어떤 학습과 경험이 필요할까?

새로운 일을 시작하게 된 입사 첫날이라고 상황을 가정해 보자. 자신이 맡은 업무가 적합한 일인지 판단하기는 쉽지 않은 일이다. 이때, 발도 담그기 전에 맞는지 아닌지를 판단하기보다 마치 처음 데이트한 상대를 알아가듯이 차분히 업무를 배우는 것이 첫 번째 단계이다. 물론 첫 만남에서 손절하는 경우도 있다. 그러나 만약 해당 업무가 자신의 적성과 맞지 않는다고 느끼더라도 성장을 위해 견딜 만한 것이 있다면 버티는 노력이 필요하다. 누구도 처음부터 안성맞춤인 일을 기대하는 것은 어렵기 때문이다. 처음에는 능력 밖의 일이라도 시행착오를 거듭하다 보면 이전에는 보이지 않던 것이 새롭게 생긴다. 이러한 경험은 자신이 어떤 가치를 추구하고 있는지를 발견하는 계기가 된다. 이 과정에서 업무와의 연결성이 더욱 분명해지며, 진실하고 성실하게 업무에 임할수록 점차 전문성을 갖추고 자신이 추구하는 바를 더욱 명확히 인지할 수 있게 된다.

메타인지는 말한다

무엇을 알고, 무엇을 모르는지를 깨닫는 것이 가장 어렵다

메타인지란 자기 자신이 무엇을 잘 알고 무엇을 모르는지에 대해 인지하는 능력이다. 다시 말해, 메타인지는 자신에 대해 정확한 인식을 하고, 문제를 해결하며, 조화롭고 적극적인 답변을 찾아내는 능력을 말한다.

인지과학자인 스티븐 M. 플레밍은 자신의 책 《나 자신을 알라》(배명복 옮김, 바다출판사, 2022)에서 메타인지를 오케스트라 지휘자에 비유한다. 그는 세계적인 수준의 공연과 리허설 수준의 공연 사이에 존재하는 극명한 차이를 만들어내는 지휘자의 역할만큼이나 메타인지의 중요성과 역할이 크다고 설명한다. 이를테면, 지휘자가 곡 해석을 정확히 하고, 악기 사운드 밸런스를 조절하며 표현하는 능력에 따라 공연 수준이 차이가 나는 것처럼, 메타인지가 높으면 자기 능력을 객관적으로 평가하여 좋은 퍼포먼스를 내지만, 메타인지가 낮으면 '자기 객관화 오류' 때문에 실패를 번복할 확률이 높아진다.

이순신 장군에게서 배우는 메타인지 사고

소설가 김훈은 《칼의 노래》(문학동네, 2014)에서 이렇게 썼다.

"내가 적을 이길 수 있는 조건들은 적에게 있을 것이었고, 적이 나를 이길 수 있는 조건들은 나에게 있을 것이었다."

나는 이 문장이 메타인지를 가장 간단하고 명확하게 정의하는 문장이라고 생각한다. 이 문장을 통해 메타인지는 자기 자신을 인식하고, 강점과 약점을 인지하며 그에 따라 상황을 판단하고 대처하는 능력을 말한다는 것을 이해할 수 있다.

그리고 이순신의 메타인지를 이해하는 좋은 예시로 영화 〈한산〉을 들 수 있다. 이 영화는 임진왜란 초기 일본군을 대파한 한산도 대첩의 역사적 배경을 그린 작품으로, 조선 수군의 승리를 이끈 이순신을 메타인지 감수성이 뛰어난 명장으로 그려냈다. 나는 영화의 중심 내용을 인물과 메타인지에 집중하여 전달하고자 한다.

전장에서 처음에 이순신 장군이 취한 전략은 현실을 직시하는 것이었다. 적장 도요토미 히데요시가 수군 전력의 2배를 증원해 쳐들어왔을 때 수적으로 열세인 상황에서 최적의 결정을 내리는 데 필요한 정보를 수집하여 부족한 것을 파악하고, 때로는 적군의 시선에서 전장을 바라보기도 했다. 이순신은 자신이 두려워하면 이길 수 없고, 자만하면 적을 과소평가할 수 있음을 인식하고 있었다.

해전은 정보전이라고 불리기도 한다. 이순신은 기상과 지형을 파악하여 아군에게 유리한 전술을 구사할 뿐만 아니라, 민간으로부터 수집한 정보 역시 형세를 바꿀 수 있는 중요한 자산으로 삼았다. 그러나 정보가 많아지면서 정보의 신뢰성에 대한 질문과 고민이 끝나지 않았다. 권모술수가 난무하는 어지러운 정세에서 어떤 정보를 믿고 어떤 것을 버릴 것인지, 자신이 아는 것이 옳은 것인지, 틀린 것이라 여긴 것이 과연 틀린 것인지 고뇌할 수밖에 없었을 것이다.

이 영화에서는 이순신이 직면한 많은 정보와 다양한 의견들 사이에서 고민하고 사고하는 모습이 반복해서 나타난다. 영화 속 이순신은 대사보다는 행동으로 자신의 판단과 의도를 표현하며 고민과 신중함을 침묵으로 전달했다. 이를 연기한 박해일 배우의 작품 중 아마도 가장 대사가 적은 작품이 아닐까 싶다. 그러나 이는 위기의 상황을 정확히 인지하기 위한 신중하고 깊은 고민을 표현하는 데 큰 의미가 있었다.

이순신은 문관 시절 병법 서적을 탐독한 덕분에 병법에 뛰어나다는 평가를 받았다. 이에 그는 깊이 있는 전문성을 기반으로 해군 수장으로서 적함과 적장을 지독하게 분석하며, 조선 바다의 지형과 물길의 특성을 끈질기게 연구하고 판옥선과 거북선을 비롯한 조선 수군의 배를 개선하기 위해 노력했다. 이런 노력 덕분에 그는 전적으로 자신을 믿고 옳은 결정을 내릴 수 있었다. 또한, 병력을 운영하고 목적을 수행하는 데 뛰어난 용병술을 보여주었다. 예를 들어, 이순신이 학익진도를 구상할 때 각 장수가 가진 장점에 주목해 전략적으로 유리하도록 적절한 인물을 적소에 배치하고 그 이유를 설명하는 등, 사람을 쓰는 데도 가장 효과적인 방법을 정확히 이해하고 있는 것을 보여주었다. 이에 더해, 적이 아군의 약점과 전술을 파악하고 있다는 사실을 인지한 이순신은 거북선의 결점과 학익진의 전술상 약점을 보완함으로써 결정적인 승리를 끌어냈다. 이처럼 자신을 알고 남을 이해하게 되면 결국은 적도 꿰뚫을 수 있게 되는 것이다. 이것이 바로 메타인지적 사고의 산물이 아닐까 생각한다.

잘 안다는 착각, 메타인지 오류

메타인지가 제대로 작동할 때, 우리는 더 많은 능력과 자기 신뢰를 키울 수 있으며 자신감이 상승한다. 그러나 자신감이 지나치게 높아질 경우, 메타인지가 잘못된 판단을 내리게 되는데, 이는 자신이 어떤 것을 잘 알고 있다고 착각할 때 발생한다.

정말 부끄러운 일이지만, 나는 과거에 이러한 실수를 저지른 적이 있다. 2011년, 부산 지역 재생 프로젝트 사업을 진행하면서, 운이 좋게도 TEDx 강연을 할 기회를 얻게 되었다. '알릴 가치가 있는 아이디어(Ideas worth spreading)'가 모토인 전 세계적 강연회 TED에서 파생되어 독립적으로 조직된 TEDx는 무겁지 않은 분위기에서 'TED다움'을 유지하며 영향력 있는 강연자의 경험과 영감을 공유하는 강연회이다. 내가 발표할 내용은, 지역 재생 사업을 시작하게 된 계기와 진행 과정에서 얻은 인사이트, 그리고 앞으로의 계획 등을 발표할 예정이었다. 그러나 그 당시에 하던 일을 그대로 전하는 것이라는 생각에 스크립트도 제대로 준비하지 않았고 발표 연습도 따로 하지 않았다. 이 모든 것이 자신만만했다.

그런데 본방송 전날 리허설 도중 내 차례가 되었을 때, 나는 강당 안을 순식간에 얼려버리고 말았다. 발표할 내용을 모조리 잊어버린 채 무대 중앙에서 꼼짝없이 멈추어 서버린 것이다. 준비한 파워포인트 화면은 무대 배경으로 유유히 강물처럼 흘러가고, 대기하던 강연자들과 스태프들의 '어쩐다지' 하는 표정만 보였다. 싸늘하게 얼어붙은 촬영장 공기가 내 빰을 후려치는 것만 같았다. 얼굴은 화끈거리고 목덜미는 서늘해지고 식은땀이 흘렀다. 한순간에 10년은 늙어버린 기분으로 형편없는 좌절감을 느끼며 무대에서 내려왔다.

TEDx 관계자들은 내 몫을 빼야 할지 비상 회의를 열었다. 당시 TEDx 진행 요원으로 있던 친한 동생이 나를 구원해주기 위해 그날 저녁 집으로 찾아왔다. 가까스로 분량은 남아있으니 어떻게든 강연을 살려야 한다는 임무를 안은 채로….

정신을 차리고 동생을 관객 삼아 컴퓨터 모니터로 PPT 자료를 넘기며 맹렬히 반복해서 연습했다. 동생의 피드백을 반영해서 수정하고 반복하면서 잠들기 전까지 강연장의 모습과 동선을 떠올리며 성공적으로 스피치하는 모습을 시뮬레이션했다. 천만다행히도 방송 당일에는 충분히 연습이 되었다는 근거 있는 자신감이 생겼고, 여유 있게 강연을 마무리할 수 있었다. 방송 업로드 이후 중소기업을 경영하는 지인은 그 영상을 직원 프레젠테이션 교육용 자료로 사용했다는 후문까지 들을 수 있었다.

지금 생각해도 아찔하고 낯 뜨거운 경험이 아닐 수 없다. 자신을 과도하게 믿은 나머지 이미 완성되었다는 자기 착각에 빠지게 되면, 준비랄 것은 미흡하기 짝이 없게 된다. 충분히 예측할 수 있는 당연한 결과를 나 혼자만 착각에 빠진 채 모르고 있었다. 다행히 그 이후론 내가 아는 것이 정말 아는 것인지 충분히 조사하고 준비가 되었는지 재점검하는 습관이 생겼다.

다시 봐도 중요한 내가 나를 아는 능력

메타인지는 현대 사회에서 중요한 능력 중 하나로 여겨진다. 정보의 폭발적인 증가로 인해 중요성이 더욱 높아졌다. 수많은 정보 중에서 가치 있는 것을 찾아내고 효과적인 의사결정을 내릴 수 있는 능력이 필요하기 때문이다. 복잡한 문제를 해결하거나 효과적인 결정을 내리기 위해서는 나 자신을 잘 아는 능력, 즉 메타인지가 필수적이다. 메타인지를 갖춘 사람들은 자신의 역량과 한계를 인식하고, 이를 바탕으로 적절한 학습법을 찾으며 전략을 수립해서 최선의 결정을 내릴 수 있다.

위의 사례에서, 이순신은 자신의 역량과 약점을 충분히 인지한 결과, 전략적으로 대처하여 최상의 결정을 내릴 수 있었다. 이것이 그가 성공적으로 전투를 이끌 수 있었던 비결이었다. 마찬가지로, 메타인지를 통해 나 자신이 어떤 상황에서 역량을 더 발휘할 수 있는지를 파악할 수 있다.

우리는 어떤 상황에서 어떤 무기와 전략을 사용하여 승리를 끌어낼 수 있는지를 고민해야 한다. 이제 다음 장에서 제시할 액션 플랜을 통해 구체적인 전략을 수립해보도록 하자.

3장

무한직업 설계를 위한 액션 플랜

목표 설정을 위한 마인드 셋(mind set)

액션 플랜 전에 태도 점검부터

앞서 나에 관한 탐구가 있었다면, 이제는 무엇을 어떻게 할 것인지 실행에 관한 이야기를 해야 할 때이다. 하지만 구체적인 액션 플랜을 설정하기 전에, 자신의 사고방식과 태도를 점검하는 것이 필요하다. 어떤 목표를 가지더라도, 성공 여부에 대한 의구심이 있다면 그것을 달성할 수 없고, 행동하지 않으면 실현할 수 없기 때문이다.

만일 싱크대에 설거짓거리가 가득 차 있을 때, 세제의 세정력은 어떤지, 수세미의 그립감은 어떤지, 무슨 아이템을 먼저 닦을지를 고민하며 머릿속으로만 설거지하는 사람은 없을 것이다. 잘 닦을 수 있을지를 미리 겁먹고 손을 못 대는 사람도 아마 없을 것이다. 내가 못할 경우는 식기세척기에 넣든 일손을 쓰든 이 문제를 해결하기 위한 최소한의 대책을 세울 테니까. 그런데 일상에서 우리는 계획만을 위한 결심을 하고 '상상 속 설거지'처럼 손도 대지 않고 깨끗하게 씻기기를 기대하는 경우가 종종 있다. 의욕이 생길 때까지 최소한의 행동도 미루며, 생각과 상상만으로 결과를 기대하는 '망상'에 빠지기 쉽다. 이러한 망상에 머무르지 않고 목표를 향한 행동을 이끌기 위해서는 주저함의 원인이 되는 심리적 장벽을 먼저 허물어야 한다.

이어지는 이야기가 본인에게도 해당한다면, 지금까지 쌓인 감정을 되짚어보고 행동에 변화를 일으키도록 마음과 소통하는 시간을 가져보도록 하자.

자기방어의 가면을 쓴 두려움의 실체

영국 유학 시절, 처음 런던에 도착했을 때 나의 가장 큰 두려움은 바로 지하철을 타는 것이었다. 영국 영어로 지하철은 우리가 어릴 때 배웠던 영어단어 '서브웨이(subway)'가 아닌 '튜브(tube)'로 불리는데, 명칭부터 어색한 데다 뛰어난 길치이자 방향치인 나는 한국에서도 지하에서 지상으로 올라가면 헤매는 마당에 남의 땅에서 어떻게 목적지까지 갈 수 있을지 막막하기만 했다. 지하철 카드도 '오이스터(Oyster card)'라고 하는데 '굴(oyster)'과는 하등 연관성 없는 이 불친절한 이름을 못마땅해하며 어지러워 보이기만 하는 런던 지하철 노선을 보며 한동안 주춤했다. 매번 게이트를 통과할 때마다 지나가는 사람을 붙잡아 묻고 플랫폼 앞에서 또 확인하고 그렇게 더듬거리며 목적지를 찾아갔던 기억이 있다. 그런데 신기한 것은, 그 과정을 몇 번 지나고 나니 그다음은 전혀 어렵지 않다는 것이다. 시간이 지나자 아주 자연스럽게 다른 생각을 하면서도 지하철을 탈 수 있게 되었고, 새로운 목적지도 어려움 없이 가게 되었다.

가끔 우리는 아무리 대수롭지 않은 일이라도 시작 전부터 불안해질 때가 있다. 때로는 해외에서 지하철을 타거나 일상에서 사소한 선택을 하는 것부터, 이직이나 사업, 결혼과 같은 인생의 큰 노선 앞에 어떤 결단도 스스로 내리지 못하고 남의 손에 결정을 미룬 채 망설이는 경우를 흔히 목격한다. 수많은 매체에서 결정을 대신 내려주는 온갖 콘텐츠가 쏟아지는 것만 봐도 얼마나 많은 사람이 그러한 문제를 겪고 있는지를 알 수 있다.

이러한 문제의 근본적인 이유는 두려움이다. 두려움은 자신의 성장과 자기 보호의 격렬한 감정적 대치이다. 자신이 인정받지 못할 것 같은 두려움, 실패나 후회할지 모를 불안감 등은 자기 보호적인 마음에서 비롯되는 것이다. 그러나 끝내 내 뜻대로 될지 안 될지 결과는 실패와 성공을 경험하면서 나올 수밖에 없다. 그렇게 경험이 누적되고 문제를 해결하는 노하우가 쌓일수록, 두려움은 인생을 지배하는 두려운 존재가 아니라 일시적인 감정에 불과하다는 것을 깨닫게 된다.

만약 과거의 실패 경험으로 인해 두려움이 더해져 도전할 의욕이 사라진다면, 그것은 자신의 사고 패턴이 실패할지 모르는 상황을 반복해서 떠올리기 때문일 수 있다. 이때는 실패한 경험과 나의 인생을 구분해서 생각해보는 것이 필요하다.

우리가 바라보는 세상은 우리가 선택한 시각으로 그려진다. 부정적인 생각에 사로잡혀 불행한 삶을 살아가기는 쉽다. 그러나 두려움을 넘어서는 결단력으로 세상을 보면, 바라는 삶으로 가는 길이 조금 더 넓어질 것이다.

완성은 진행형이다

실행을 방해하는 또 다른 심리적 장벽은 완벽주의이다. 완벽주의 성향의 사람은 자신에게 매우 높은 기대를 하고, 오차를 용납하지 않는 계획을 세우며 완벽한 결과물을 만들고자 한다. 완벽을 추구하는 것은 완성도를 높인다는 긍정적인 면도 있지만, 이로 인해 실행을 가로막는 심리적 장벽이 될 수 있다. 이러한 태도는 자기 검열과 비판으로 인한 스트레스와 기대에 부응하지 못했을 때 느끼는 실망과 우울감을 유발하며 정신적, 신체적 건강 문제를 일으키기도 한다.

또 다른 문제는, 시작하기 전에 완벽한 준비 상태에서 일을 시작하길 기다리는 것이다. 그러다 보니 완벽주의 성향 중에는 애초에 압도적이지 않을 바에야 시작하지 않는 예도 있다. 완벽한 상태에서 시작하기를 바라다가 그사이 열정은 식어버리고 영원히 미루게 되는 결과를 가져온다. 하지만, 비록 '시작은 미약'할지라도 뭐라도 하는 게 아무것도 하지 않는 것보다 낫다. 자신이 완벽주의자이기 때문에 잘하지 못할 바에야 시작도 하지 않겠다는 사고방식은 아무것도 시도하지 않겠다는 그럴듯한 핑계밖에 되지 않는다.

어디 세상에 완전한 것이란 게 존재하기는 하는 것인가? 어차피 경험해보지 않은 것과 경험한 이후의 것은 완성의 기준도 다르다. 또, 그 이상의 경지에 이른 이의 눈에는 내가 생각하는 완벽도 그저 불완전한 상태일 뿐이다. 다만 우리가 해야 할 것은, 주어진 환경과 상황을 극복할 방법을 찾고 부족함을 채워 나갈 방법을 고민하고 실천하는 것뿐이다.

각 분야에서 아무리 두드러지고 완벽해 보이는 사람도 처음부터 완성형이지 않았다. 그들에게도 처음은 있었고 다른 사람보다 훨씬 많은 실패와 좌절을 경험했다. 하지만 수많은 시도와 실험 안에서 수정하고 개선하는 과정을 반복했기 때문에 완벽에 가까운 결과를 가져온 것이다. 이것은 우리가 가져야 하는 중요한 태도로서, 완벽을 추구하기 보다는 목표를 향해 매 걸음 디딜 때의 '성장과 발전'을 갈망해야 한다는 것을 보여준다.

목표는 한 문장으로 정리하고, 내가 가진 자원 안에서 시작한다

꿈을 위해 가장 먼저 고려해야 할 것

심리적 장벽을 제거하는 준비 운동을 완료했다면, 이제는 자신에게 맞는 일을 찾기 위한 여정을 계획해야 한다. 우리는 평생 즐거움과 만족감을 느끼며, 자신에게 적절한 보상을 받을 수 있는 일을 하고 싶어 한다. 하지만 이루기 힘든 꿈이 아니라, 현실적으로 가능한 일을 찾기 위해 고려해야 할 가장 중요한 사항들이 있다. 이 목표를 달성하기 위한 첫 번째 단계는 무엇인지, 그리고 이를 실현하기 위해 현실적으로 점검해야 할 사항들이 무엇인지 알아보자.

분명한 목표 설정을 위한 주요 재료

혹시 누군가 자신에게 무슨 일을 하는지 질문을 했을 때 정리가 안 된 채로 대답한 때가 있는가? 이럴 땐 두 가지 가능성이 있다.

첫째는 다재다능한 사람으로 여러 가지 일을 동시에 하는 경우다. 두 번째는 자신이 하는 일에 대해 본인도 잘 모르는 것이다.

목표가 무엇인지 물어도 마찬가지이다. 자신에게 질문을 던져보자. 분명한 방향성이 있다면 간결한 문장으로 목표를 정리할 수 있다. 그러나 아직 목표가 불분명하다면 분명한 언어로 정의하기란 쉽지 않다. 그럴 땐 자신의 분명한 목표 설정을 위한 재료를 마련하는 것이 우선이다.

주요 재료는 삶에서 자신이 원하는 것을 발견하는 것이다. 이는 각자의 삶의 형태와 가치에 따라 다를 수 있다. 중요한 것은 자신이 원하는 바를 주변 상황과 비교하지 않고, 가장 중요하다고 생각하는 삶의 가치를 찾는 데에 있다. 자신이 가장 중요하게 생각하는 가치와 목표를 파악한 후, 그것을 우선순위에 따라 나열한 다음, 집중해서 행동할 것을 정해야 한다. 이때, 긴급한 일이 우선되는 것이 아니라, 자신의 행복과 앞으로의 기회를 위한 준비와 실천이 우선이라는 점이다. 따라서, 목표 설정을 위한 우선순위란 지금 당장 해결해야 할 긴급한 문제가 아닌 자신이 가장 원하는 것과 중요하다고 생각하는 가치와 목표를 추구하는 것이다.

예를 들어, 육아에 지친 주부에게 가장 필요한 것은 무엇일까? 분명 휴식일 것이다. 하지만 이러한 필요성을 충족하기 위해서는 휴식을 취할 수 있는 여건을 만들어야 한다. 혼자만의 시간이 간절함과 동시에 외부와 단절된 외로운 기분을 해소하고 그 안에서 어떤 의미를 찾고 싶다면, 집안일은 잠시 미뤄두고서라도 그 시간을 언제 확보할지, 어떻게 그 짧은 여가를 보낼지를 가늠한 휴식을 우선순위에 두어야 한다.

원하는 것을 찾아 우선순위에 두고 실천하라

온라인 클래스에서 손글씨 1위 강사로 활약 중인 필명 '미꽃'은 인쇄한 것 같은 반듯한 글씨체 '미꽃체' 신드롬을 일으켰다. 그 덕분에 미꽃은 대중 강의와 서적 출판으로 사람들에게 높은 인지도를 올리고 있다. 그녀의 저서 《손글씨 노트》(시원북스, 2021)도 이미 20쇄를 발행한 베스트셀러로 자리 잡았다. 책의 에필로그와 SNS에서 그녀는 손글씨를 시작하게 된 계기를 육아에 지친 마음을 위로하기 위해서였다고 쓰고 있다. 힘들고 고단한 마음을 종이 위에 사각거리는 만년필로 좋은 글귀를 베껴 쓰면서 위로를 받았고 그로 인해 얻은 평온한 마음을 많은 사람에게 전하려는 목표로 손글씨 쓰는 법을 공유하고 있다.

디지털 기술이 찬란하게 발전하는 현대 사회에서 손글씨를 중요하지 않게 여길 수도 있겠지만, 손으로 쓴 글씨는 여전히 감성과 정서를 전달하는 데 있어서 큰 역할을 한다. 기술이 발달할수록 아날로그를 경험한 세대는 향수와 위안을, 이것을 경험하지 못한 이들에게는 굳이 수고로움을 더한 행위가 오히려 신선함을 불러일으킨다. 실제로 그녀의 아름다운 손글씨 영상은 한 문장이 완성되기까지의 과정을 넋을 놓고 바라보게 된다. 이런 매력 때문인지, 수많은 팔로워가 그녀의 손글씨를 따라 하며, 조용한 자신만의 시간을 통해 손글씨를 교정하고 힐링 받는 것을 많은 사례로 보여주고 있다.

이렇듯 주어진 상황에서 내가 절실히 원하는 것을 찾아 우선순위에 두고 실천하다 보면 그 일을 더 잘하고자 하는 목표, 더 나누고 성장하기 위한 목표가 분명하게 생기기 마련이다.

자신이 가진 자원을 활용해 세계무대로

자신의 작은 경험이 일으킨 날갯짓으로 현재는 세계적으로 주목받고 있는 '단하주단'의 대표 김단하의 사례를 보자. 최근, 2022.9.29 〈패션비즈〉 기사 "블랙핑크도 반한 '단하' 파리 무대 데뷔 성공"에 따르면 김단하는 파리 파빌리온 깡봉(Pavilion Cambon) 패션위크, 그리고 같은 해 12월에는 타이실크 국제 패션위크 한국 디자이너로 초청되는 등, 이미 걸그룹 '블랙핑크'의 한복 무대의상으로 이름을 알린 디자이너이다.

여러 언론 보도에서 알려진 바에 의하면, 그녀는 의상 전공자로서 한복디자인을 시작한 것이 아니었다. 그런데도 한복 디자이너로 커리어를 선택하게 된 데에는 그녀가 한복을 생활 속에서 경험한 것이 시작이었다. 한복을 고등학교 교복으로 입은 탓에 익숙했던 터라, 해외여행을 할 때도 한복을 입고 여행을 했고 그때 현지인들의 반응을 통해 한복의 매력을 재확인했다고 한다.

그리하여 사회생활로는 카지노 딜러와 사무직으로 일했지만, 사이드 잡으로 온라인 한복 대여 가게를 운영했고 부수입이 급여를 훌쩍 뛰어넘자 본업으로 전향했다. 급기야 직접 제작하고 싶은 마음에 한복디자인을 공부하기에 이르렀고, 이후에는 한국궁중복식연구원에서 조경숙 명인에게, 성균관대 의상학과 복식사/복식 미학 석·박사 통합 과정을 공부하며 점차 자신만의 브랜드를 정립하고 단하주단을 론칭했다. 한복의 미는 살리되 생활 속에서도 실용적이고 아름답게 소화할 수 있고, 자연과 환경을 배려한 유기농 면과 업사이클링 소재로 한국인뿐 아니라 세계인들의 관심을 사로잡기에 이르렀다. 또 한복제작에만 머무르지 않고 패션 NFT 프로젝트 메타조선과 함께 3D NFT도 발행한데 이어, 3D 웹 기술 전문 스타트업 앙트러리얼리티와 협업으로 CES 2023에서 가상한복 패션쇼를 개최하는 등 도전적이고 창의적인 시도를 거듭하고 있다.

김단하 대표는 한복에 익숙한 경험으로 시작한 일이었지만 성장하기 위해 마음을 다하는 충실한 시간과 역량을 강화하기 위해 집요하게 완성하려는 자기 수련을 거듭한 결과 연속해서 좋은 기회를 잡을 수 있었다. 김 대표가 처음부터 높은 기대로 섣부르게 큰 자금을 빌려 시작했거나 비전공자로 자신의 역량을 낮추어 생각했다면 지금의 모습은 이루지 못했을 것이다.

지금 자리에서 자신의 자원을 점검해보자. 지금 자기 안에 숨은 자원은 무엇인가. 어떤 경험을 해왔고 어떤 재능을 갖고 있는가. 사소한 경험 없고 하찮은 재능 없다. 자신의 원천자원을 바탕으로 무엇에 도전하고 시작할 수 있는지. 그것이 어떤 자원이든 얼마만큼을 갖고 있든 분명히 자신의 무한직업 설계를 위한 탄탄하고도 굳건한 뿌리가 되어줄 것이다.

퍼스널 브랜드가 되기 위한 콘텐츠 로직 3가지

무한직업을 찾는 과정에서 중반 단계에 이르렀다. 이전 내용을 간단히 정리하자면, 먼저 마인드셋을 구축하고 목표를 설정한 후, 자신이 가진 자원을 활용했다. 이제 다음으로 필요한 단계로는 자신의 자원을 브랜드화하는 것이다. 무한직업의 여정에 다다르기 위해서는 퍼스널 브랜딩이 필수이다.

퍼스널 브랜딩이란

퍼스널 브랜딩은 개인이 지닌 기술이나 가치관 및 개성을 드러내는 고유한 이미지와 평판을 만들고 유지하는 과정을 말한다. 같은 분야의 다른 사람들과 차별되도록 본인의 강점과 경험 및 자질이 드러난 개인 브랜드를 만드는 것이 '퍼스널 브랜딩'의 핵심이라 할 수 있다. 퍼스널 브랜드를 효과적으로 홍보하면 같은 분야의 다른 사람들과 차별되고 긍정적인 평판을 구축하기 쉬워 직업 시장이나 업계에서 자신의 시장성을 높일 수 있다.

다른 사람과 차별화하는 강력한 이미지 생성이 필요하다는 말은 수없이 들어왔음에도, 우리는 익숙한 방식을 따르거나 항상 해왔던 대로 하려는 경향이 있다. 아마도 새로운 것을 시도할 때는 너무 많은 정보에서 오는 피로감이나 성공의 불확실성으로 인한 불안감, 혹은 낯선 것에 대한 거부감 때문일 것이다. 이러한 부정적인 감정을 피하기 위해서는 보통 다수가 따르는 길이나 자신에게 익숙한 방식을 유지하는 것으로 안정감을 찾으려고 한다. 인간은 본능적으로 부정적인 감정을 거부하고 안전한 것을 선택하도록 생존 프로그래밍이 되었으니 말이다. 그러나 늘 익숙한 행동을 하면서 차별화를 기대한다면 지나친 욕심이다. 과거에는 입력된 프로그램대로 사는 것이 생존에 유리한 시대도 있었지만, 현재는 그렇지 않다. 익숙한 길로만 가면 한곳의 먹이를 차지하기 위해 모여든 격렬한 경쟁에서 눈앞의 기회를 놓칠 수 있다. 그러므로 각자의 위치에서 생존 경쟁력을 고민할 수밖에 없다.

자신에게 맞는 직업을 찾아가는 과정에서도 마찬가지로 남들과 같은 방식으로는 직업 시장이나 어떤 업계에서도 경쟁력을 확보하기란 쉽지 않다. 다음 단계에서는 경쟁력 있는 퍼스널 브랜딩을 위한 메시지의 중요성과 차별된 콘텐츠로 만들기 위한 로직 3가지를 제시한다.

트렌드보다 신재생 감정 활용(Renewable Emotion 100)

첫째, 무작정 유행을 따르는 콘텐츠보다 자신의 감정에 주목하고 그 감정을 활용한다면 신선한 콘텐츠가 될 수 있다. 대중은 일반적으로 유행을 따르기 마련이지만, 이미 모두가 열광하는 것을 모방하는 것으로 자신만의 차별성을 갖고 지속하는 것은 쉽지 않다.

최근에는 '회사를 그만두고 유튜버나 해볼까?'라는 생각이 흔하다. 이는 진입장벽이 낮으므로 매력적으로 느껴지기도 하며, 구독자 수에 따라 대중에게 미칠 수 있는 영향력과 높은 소득이 따르기 때문이다. 오히려 유튜브를 하지 않고 회사에 다니고 있는 것이 시류에 뒤처지는 기분이 들 정도이다. 하지만 퇴사를 결심하기 전에는 '돈 되는' 콘텐츠를 어떻게 지속해서 생산할 수 있는지 고민해야 한다.

트렌디한 소재를 참고하여 시작할 수 있지만, 이를 계속 유지하는 것은 다른 문제가 된다. 베끼는 것도 재미있어야 계속할 수 있다. 경험과 지식 없이 선불리 시작하면 금세 흥미를 잃고 월급받고 다니던 시절을 그리워할지도 모른다. 경험과 지식이 부족한 경우라면 그것을 상쇄할 만큼 새로운 영역의 학습 호기심이라도 높아야 한다.

평범한 사람도 자신만의 차별화된 콘텐츠를 만들기 위해서는, 일상에서 느끼는 감정을 재활용하고 이를 자원화할 수 있다. 인간의 감정은 기쁨, 슬픔, 분노, 불안, 사랑, 놀람, 미움, 만족, 신뢰, 흥미 등 다룰 수 있는 주제의 범위가 매우 넓다. 대개 직장인이라면 인간관계에서 비롯되는 스트레스가 가장 큰 문제인데, 이러한 감정을 콘텐츠로 전환하는 것도 가능하다.

예를 들어, 직장에서 상사의 꼰대력과 '존재의 가벼움'을 참을 수가 없어 마음속에 사직서를 품고 다닌다고 가정해 보자. 아무리 상사를 술자리 안주로 삼는다고 해도 상황은 바뀌진 않는다. 그리고 현실에서는 이런 사람을 피해서 퇴사를 하면 다른 곳에서 더 큰 적수를 만나는 일명 '또라이 보존 법칙'은 전 세계 어디에서나 적용되며 변함없는 진리로서 존재한다.

이런 경우에는 낭비된 감정을 생산적 에너지로 전환하는 나름의 감정의 자원화이자 신재생 감정인 'RE100(Renewable Emotion 100)'이라는 개념으로 다시 생각해 볼 수 있다(여기서 내가 말하는 RE100이란 '재생에너지 전기renewable electricity 100%'를 의미하는 'RE100'의 또 다른 차용이다). RE100은 자신의 부정적인 감정을 인정하고, 이를 긍정적인 것으로 바꾸어 새로운 에너지로 활용하는 것이다.

예시의 상황에서 RE100을 적용해보면, 이것을 단순히 불편한 감정으로 소모하는 것이 아니라 요즘 세대가 원하는 언어와 행동 양식으로 재생산할 수 있다. 상사의 꼰대력과 언행에 대해 거부감이 생길 때, 이것을 자신만의 관점에서 해설을 덧붙여 MZ세대가 쉽게 이해하고 공감할 수 있는 형태로 변환한 '세대 간 번역서'와 같은 아이템의 기획로 적용할 수 있다. '90년대생이 와서' '70년대생이 울고' 있는 이런 세대 간 괴리감이 만연한 시대에는 생생한 비교와 검증을 통해 각 세대를 환기하는 커뮤니케이션의 매개가 필요하다. 즉, 콘텐츠 소재는 상사의 꼰대력이 상승할수록 풍성해지고, 또라이를 만날수록 레퍼런스는 다양해진다.

다양한 업계의 사람들과 커뮤니티를 구성하여 함께하는 경우라면 스트레스 해소뿐만 아니라 재미와 아이디어는 풍성해질 것이다. 게다가 여러 사람의 시선을 통한 작업 과정에서 자신의 문제점을 발견하고 개선점을 찾게 되는 '뜻밖의 자기 통찰'의 행운을 누릴지도 모른다. 이렇게 타인의 시선을 통해 자신의 감정을 번역하고 재생산하는 과정은 자신의 감정을 다루고 활용하는 데 있어서 의외의 유익한 결과를 가져올 수 있다.

매번 일상에서 반복되는 상황이라 하더라도 관점을 다르게 하면 이렇듯 다양한 해석이 가능해진다. 따라서 손쉽게 트렌드를 쫓기보다 경험을 파헤치고 감정을 생산적으로 전환하면 자신만의 개성을 입은 콘텐츠가 탄생할 수 있다.

대체 불가한 콘텐츠(Non-Fungible Contents)에 수요는 자동생성

두 번째, 본인의 자질과 경험을 자신의 스타일로 탐구해서 창조된 콘텐츠는 대체할 수 없는 가치를 지닌다.

여기에 좋아하는 것을 파고들어 자신의 자질과 경험을 더해 콘텐츠 자체가 된 사람이 있다. 먹고 마시고 노는 걸 너무나 좋아한 나머지, 월급을 죄다 먹는 데 탕진했던 대책 없는 K-직장인에서 현재는 11개의 업장을 운영하는 식당사장, 한충희 대표의 이야기이다.

'비터팬의 식도락' 블로그와 인스타그램 10만 구독자의 인플루언서(influencer)이기도 한 그는, 어느 날 SNS 피드에서 선생님 부캐 놀이를 해보고 싶었다며 식당 창업 아이디어와 노하우를 공유할 목적으로 '심야식당 스터디' 멤버를 공개 모집했다. 나는 재빠르게 신청을 했고 참여 구성원으로 그의 이야기를 직접 들을 수 있었다.

한충희 대표는 화학을 전공하고 화학 회사에서 일하던 이공계 출신의 평범한 직장인이었다. 적성에 맞지 않는 직장 생활에서 오는 좌절과 스트레스를 먹는 것으로 달랬고, 꾸준하게 먹고 마시고 논 결과, 단골 가게에서 자신의 식당 경영의 재능을 발견하고 외식업계에 발을 들였다.

이 일이 천직이라 여겼지만, 막상 외식업 초보 시절에는 월 120만 원도 채 안 되는 수입으로 2년간을 꼬박 버티던 고된 시간도 있었다. 그러나 좋아하는 일이었고 일 자체를 즐길 수 있었기에 이겨낼 수 있었다.

그가 처음 사업 홍보와 마케팅을 위해 시작한 블로그는 특유의 입담과 비속어가 난무한 B급 드립 천지지만 내용만큼은 속이 찬 순살 정보를 제공했다. 제대로 식당을 공부하기 위해서 수행자의 자세로 전국의 면 전문점을 돌아다니며 콘셉트와 맛을 분석하고 기록한 '108배 면식수행'이나 '일(事)로 먹는 밥, 배우며(師) 먹는 밥, 공부하듯 먹는 밥'이라는 주제로 '사밥고시'를 연재하며 본격적인 '프로 블로거'로 인지도를 쌓았다.

그의 '사밥고시 18조 3항'에는 봉준호 감독의 말을 인용해 "가장 개인적인 것이 가장 창의적이다."를 주제로 한충희 대표의 개성이 가장 잘 드러난 〈금토일샴페인빠〉를 열게 된 이야기를 담았다. 그간의 수많은 사례분석을 통한 수행과 업계 경험은 메뉴 구성과 경영에 충분히 녹여냈지만, 기존의 와인바나 샴페인 바의 고정된 개념에는 얽매이지 않고 자신의 색이 가장 선명하게 나타낼 수 있도록 표현했다. 외향적이고 노는 걸 좋아하는 파티피플 분위기를 연출했고 그의 계획과 바람대로 본인이 좋아하는 것에 손님들은 곧장 반응했다. 개업 후 얼마 동안은 손님들이 권하는 술로 매일 만취 상태였다고 했다.

팬덤이 생겼고 블로그에 기술한 바에 따르면, 그의 지인은 〈금토일샴페인빠〉를 '죽기 전에 가야 할 식당'으로 추천했다. '사장놈

죽기 전에 가야 할 식당'으로….

한충희 대표는 지금도 다양한 업계의 사람들과 노는 것을 게을리하지 않으며 또 언제 재밌는 일을 벌일지 여전히 구상 중이다.

이렇듯 좋아하는 것을 자신만의 스타일로 깊이 파고들었을 때 대체 불가한 콘텐츠가 생성된다. 그리고 그것에 공감하고 열광하며 원하는 수요는 언제나 생긴다는 것을 여실히 보여주고 있다.

(시간/돈) 비용을 한정한다 (Saving Costs)

세 번째 로직은 아이디어를 최대한 개방하면서도 시간과 비용에 제한을 두는 것이다. 아직 시장에서 검증을 받지 않은 자신의 콘텐츠는 여러 가지 시도를 해보기 위해 가벼우면서도 유연한 실행이 가능해야 한다. 이것은 적은 비용과 짧은 시간으로 실행 가능한 것이 바람직하다. 시작부터 큰 비용을 투자한다면, 계획을 실현하기보다 현실적인 문제에 집중하는 시간이 더 길어지게 된다. 그리고 예측하지 못한 팬데믹과 같은 상황이 발생할 때 대응할 능력을 상실하고 일상에 지장을 초래할 수 있다. 따라서 비용은 최대한 줄이고 수익은 커질 수 있는 구조를 설계해야 한다.

직장인이라면 본업에 지장을 초래하지 않을 정도의 시간을 사용하고 생활비에 무리 없는 지출로 시작할 것을 제안한다. 창업처럼 본업의 전환이 필요한 일이라고 해도 각오는 훌륭하나 물리적으로는 배수진을 치지 않는다. 대신에 소셜미디어 플랫폼을 통해 일관성 있는 메시지를 전달한다거나 지속해서 고품질 콘텐츠를 만들고 홍보하면 시간이 지남에 따라 강력한 평판을 구축하는 데 도움이 된다.

따라서 자신의 브랜드를 구축하는 데 처음부터 비용을 많이 들일 필요는 없다. 수입이 발생하는 것에 따라서 홍보와 투자 비용을 차츰 늘려나가는 전략을 활용함으로써 초기 비용을 낮게 유지하면서 독특하고 기억에 남을 만한 정체성을 먼저 확립하는 것이 중요하다.

결론적으로 차별화된 개인 브랜딩은 직업적 성공의 필수 요소이다. 자신에게 가장 잘 어울리는 콘셉트를 찾아내고, 이를 일관성 있게 전달하는 것이 강력한 브랜드를 만들어준다. 초기 비용을 절약하는 방법들을 활용하면서도 다양한 전략을 통해 지속적이고 일관성 있게 콘텐츠를 유지한다면 다른 사람들과 차별화된 독특하고 가치 있는 퍼스널 브랜딩을 구축할 수 있을 것이다.

타인의 문제 해결과 욕구 해소에 초점을 맞추어라

타인에게 이익이 된다는 것의 의미

무한직업을 설계하는 네 번째 단계로 돈보다 먼저 가치에 무게를 두는 '가치 지향적 사고'에 대해 이야기하고자 한다. 가치 지향적 사고란 삶의 태도에서 자신의 경제적 이익만을 중시하기보다는, 정서적인 균형을 유지할 수 있는 올바른 가치나 신념에 따라 의사결정을 내리는 것을 의미한다. 더 나아가서는 타인에게 이익을 주는 가치를 창출하는 사고방식을 취하는 것이다.

다시 말하면, 돈을 얼마나 더 벌 수 있는지에 초점을 맞추기보다는 자신의 능력과 자원으로 이득을 보는 사람이 많아지도록 설계하는 것이다. 이렇게 찾은 업이 보람과 열정을 반영하면, 그 결과 더 큰 금전적 이익으로 이어질 가능성이 커진다.

그럼 타인에게 이익이 된다는 것이 무엇일지 그 의미를 생각해보자. 이익이란 물질적 또는 정신적인 보탬을 말하는데, 다른 사람의 이익을 두 가지 관점으로 생각해 볼 수 있다. 하나는 '남이 가진 문제를 해결할 수 있는가?'이고, 다른 하나는 '타인의 욕구를 충족할 수 있는가?'이다. 이렇게 생각해보면, '문제 해결'과 '욕구 충족'은 우리 삶의 대부분에 적용되는 주제이므로 다양하고 범위도 넓다.

일상에 침범한 나의 문제에서 실마리 찾기

내가 이 책을 쓰면서 마주한 문제와 욕구는 이러했다. 집에서 글을 쓸 때는 집중력이 떨어지는 경우가 많았고, 한 문장을 시작하기 전까지 예열하는 데 꽤 많은 시간이 걸렸다. 그래서 나는 사무실에서 일하는 분위기를 내기 위해 유튜브에서 'study with me' 또는 'work with me'와 같은 영상을 찾아 시청했다. 이런 영상들은 그저 책상 앞에서 공부하는 모습이나 노트북으로 일하는 모습을 몇 시간 동안 재생하는 것뿐이었다. 그러나 타이머로 일과 휴식을 구분하고 다른 사람과 함께하는 느낌을 받아 예열 시간을 줄이며 빈둥거리는 것을 방지하는 효과가 있었다.

영상과 함께 고카페인 음료를 마시면서 최대한 집중력을 발휘하다 보면, 어깨와 허리가 뻐근해지기 시작했다. 그럴 때는 운동 앱을 켜서 스트레칭을 하고 운동량을 확인한 다음, 몸에 필요한 칼슘과 단백질을 보충하기 위해 첨가물을 꼼꼼히 살피며 두유나 단백질 음료를 마셨다.

단 몇 시간 동안 내가 경험하는 일상적인 문제와 욕구를 살펴보면, 집중력, 허리통증, 카페인, 단백질 음료 등과 같은 키워드를 통해 제품을 구매하거나 해당 서비스를 이용했다.

이처럼 우리는 생활에서 마주하는 작은 문제나 긴급한 문제를 해결할 수 있는 물질적, 정신적인 대상을 찾는다. 그리고 단순히 문제를 해결하기만 원하는 것은 아니다. 인간의 욕구 또한 매우 다양하다. 식사나 음료를 예로 들면, 밥, 빵, 면 등 다양한 선택지가 있으며 육식인지 채식인지, 완전 채식인지 준 채식인지와 같이 취향도 다르다. 음식과 주거와 같은 기본적인 욕구에 대해서도 사람마다 다양하게 나뉜다. 그 이외에도 지루함을 해소하고 직접 처리하기 번거로운 일을 대신 처리해줄 누군가를 찾는다. 또한, 안전과 인간관계, 심미적인 욕구, 인정의 욕구, 성취 욕구, 자아실현 욕구 등을 세밀하게 파악하면 이러한 욕구를 해소하기 위한 상품이나 서비스는 끝이 없다. 이것을 다르게 말하면, 자신의 자원을 적용하고 활용할 수 있는 대상은 무궁무진하다는 것이다.

자원을 적용하고 활용할 대상을 찾아라

문제 해결이나 소비자의 요구 충족에 기준을 잘 잡은 예로는 스타트업을 빼놓을 수 없다. 스타트업은 특성상 해결 중심의 사고로 조직을 이룬다. 일반적으로 대부분 사람은 문제가 발생하면 문제 자체에 매몰되어 버리거나 해결점보다는 문제를 확대하여 해석하는 경향이 있다. 그러나 스타트업은 시대의 요구에 신속하게 대응하면서, 문제를 문제 자체로 인식하지 않고 해결해야 할 과제로 접근하는 공통적인 성향이 있다.

스타트업의 또 다른 특징은 지속가능성에 초점을 맞추고 긍정적인 사회적 영향을 주는 것이 태생의 목적인 경우가 많다. 그러다 보니 개인이나 사회에서 필요로 하는 문제를 풀고 세상에 이바지하겠다는 사명감이 즉각적인 금전적 보상보다도 더 큰 영감과 동기부여의 요인이 되기도 한다. 이러한 사고는 더 많은 수요를 유도하고 이어서 큰 경제 가치를 창출한다.

이러한 접근법은 개인의 무한한 직업 설계에도 적용할 수 있다. 주어진 문제를 해결 중심으로 관점을 전환하면서 여러 가지 기회를 창출할 수 있다. 창업이 아니더라도 이러한 가치는 언제든지 발휘할 수 있다. 현재 속한 조직에서 무엇을 해결할 수 있는지, 어떤 요구를 해소할 수 있는지 본인의 재능과 자원을 집중해보길 권한다.

다음은 스타트업의 가치 중심 사례와 개인이 적용할 수 있는 접근 방식의 예시이다.

- **정신관리, 명상의 가치를 발견한 캄(Calm)**

캄(Calm)은 2012년 설립한 웰니스 스타트업이다. 웰니스(Wellness)란 신체적 건강뿐만 아니라 정신적으로나 사회적으로 건강하고 행복한 삶을 추구하는 개념을 말한다. 요즘엔 소셜 미디어나 대중매체를 통해서 식습관 개선이라든가 운동이나 스트레스 관리 및 숙면에 관한 콘텐츠가 많이 생산되고 있다. 그만큼 웰니스에 관심이 증가하고 있다는 것을 보여주는데 그에 따라 웰니스 산업도 크게 성장했다. 캄(Calm)은 그중 하나로 명상을 통한 스트레스 관리와 숙면 유도 음악 등의 서비스를 제공한다.

현대인들의 많은 질병의 원인은 잘 알다시피 스트레스이다. 스트레스와 불안이 건강에 미치는 악영향을 인지하면서도 적절한 대처와 관리방법을 몰라 스트레스가 누적되는 사람들의 니즈에 집중했다. 스트레스와 불안을 줄이고, 우울증 완화 및 수면장애를 개선하도록 명상 콘텐츠를 제공하며 편안하게 일상생활을 이어나갈 수 있도록 돕는다.

명상은 하면 할수록 긍정적인 감정 상태를 유지하고 건강한 정신과 자기 확신을 강화할 수 있다고 한다. 그로 인해 성공 열망이 강하고 자기계발에 관심이 많은 사람에게도 흥미를 불러일으켜 여러 층의 수요를 흡수하게 되었다.

이런 명상이 대세인 흐름은 개인적으로 자신의 취미나 직업에도 적용할 수 있다. 나의 지인은 제주도에서 요가와 명상 클래스를 운영한다. 그녀는 직장 생활에서 과도한 스트레스와 번아웃을 경험했고 스스로 회복하기 위해 회사 휴가를 몽땅 털어서 인도로 건너가 요가와 명상 수련을 체험했다.

학창 시절부터 직장까지 엘리트 코스를 밟은 그녀는 인도로 훌쩍 떠난 과정에서 자신과 비슷한 상황에 놓인 사람들이 많다는 걸 알았다. 그리고 과거의 자신도 그랬던 것처럼, 많은 사람이 일과 스트레스에 압도된 상태로 해소하는 방법을 모른 채 살고 있다는 것에 주목했다. 한국으로 돌아온 그녀는 깊이 있는 수련을 위해 직장을 그만두고 자신만의 웰니스 길로 향했다. 자신의 감정과 경험을 공유하기 위해 요가와 명상을 직업으로 삼았다. 그리고 내면에서 일어나는 충돌을 글로 풀어내면서 마음의 안정을 가질 수 있는 저널 쓰기 클래스도 열었다. 최근에는 타로카드의 상징과 삶의 주제를 엮어서 명상과 몸으로 풀어내는 작업을 하는 등 수련생들의 필요에 지속적인 관심을 가지고 자신만의 해결방법에 집중하고 있다. 타인을 통해 성장하면서 자신만의 고유한 웰니스 노하우와 경쟁력을 갖추어가는 중이다.

- **환경과 건강을 지키는 육식의 대안, 대체육**

가축사육은 그 과정에서 메탄가스와 이산화탄소 같은 온실가스를 대량으로 방출하고 사육 환경을 조성하기 위해서 상당한 삼림 벌채를 일으킨다. 육류 소비 증가에 따른 이와 같은 삼림 파괴는 심각한 환경 문제를 가져온다. 따라서 이런 전 지구적인 문제를 해결하기 위해 식물 기반 및 세포 기반의 육류를 생산하고 다양한 옵션에 대한 수요를 충족시키는 것이 대체육 생산의 목적이다.

점차 많은 소비자가 동물성 육류 소비에서 발생하는 환경파괴와 윤리적 문제를 인식하게 되면서 많은 이들이 더 건강하고 윤리적으로 책임이 있는 대안으로 대체육을 기대한다.

글로벌 컨설팅 업체인 AT Kearney에 따르면, 세계 육류 시장에서 배양육과 식물성 대체육이 차지하는 비중이 2040년에는 60%에 이를 것으로 예상된다. 이러한 전망에 따르면 20년 이내에 진짜 고기를 대체하는 대체육이 주류로 자리 잡을 것으로 보인다고 한다. 현재는 식물성 대체육의 성장이 두드러지지만, 2030년부터 배양육의 성장 속도가 급격히 증가하여 2040년에는 육류 소비 시장에서 차지하는 비중이 35%로 예상된다. 이는 약 6300억 달러(약 820조 원)에 해당하는 금액이다.

국내에서도 대기업뿐만 아니라 식물 단백질 제조기술을 보유한 대체육 전문 스타트업 '바이오믹스테크' 등 우수 기술을 보유한 여러 스타트업이 적극적으로 시장에 진입하고 있다.

현재로서는 넘어야 할 기술격차나 가격 안정성과 식품 안전성 등의 장벽이 있지만, 머지않아 우리의 식탁에도 '진짜' 고기를 대체하는 배양육이 오를 날이 올지 모른다.

환경과 건강을 생각하는 가치관에 따른 소비의 변화는 비건 레스토랑이나 샐러드 카페 등의 증가에서도 체감할 수 있다. 이런 소비 가치는 점차 확대되어 건강식이나 다이어트 음식으로까지 다양한 수요를 만들어낸다. 개인이 제작하는 비건 요리법 관련 콘텐츠도 채식주의자는 아니지만 건강하게 체중감량을 원하는 이들이 레시피를 좋게 평가하는 것을 볼 수 있다.

- **머무는 것이 곧 여행, 에어비앤비**

에어비앤비는 숙박에 공유가치를 내세워 세계적으로 성장한 스타트업으로, 주택이나 아파트 또는 기타 부동산을 전 세계 여행자에게 임대하는 온라인 서비스 플랫폼이다. 원하는 목적지에서 독특하거나 저렴한 숙박 시설을 원하는 사용자와 사용하지 않는 공간을 임대하여 수익을 올리기 원하는 호스트의 니즈가 동시에 충족된다. 에어비앤비는 사용자에게 새로운 경험을 제공하는 것이 가장 큰 특징이다. 기존 숙박 브랜드와 다르게 아파트나 집을 통째로 빌리기도 하고 트리하우스나 성, 심지어 이글루까지 다양하고 색다른 장소를 제공하면서 숙박 자체가 신선한 여행 경험이 되도록 한다. 이런 방식으로 여행 업계의 게임 체인저가 되었으며 숙박 시설에 대한 고정된 방식을 혁신했다.

여기에 참여하는 호스트는 개인의 감성적인 공간과 취향까지 느낄 수 있는 공간을 제공하고 여행자에게 다양한 경험을 선사하기도 한다. 현지 문화와 지역을 더 잘 이해할 수 있도록 지역 문화 프로그램을 연결하거나, 손쉽게 배울 수 있는 요리나 공예 등을 가르쳐주는 체험 프로그램을 운영하는 예도 있다.

호스트는 사진 몇 장으로 자신의 공간이 전 세계 여행자의 시선을 사로잡아야 하는 만큼 매력적인 인테리어와 홈 스타일링에 관한 관심이 높다. 특별한 경험을 추구하는 사용자와 다양한 테마를 제공하는 호스트가 늘어나면서 차별화된 공간 콘셉트에 관한 관심이 증가하는 추세이다. 이러한 변화에 따라 일반 개인도 자신만의 감성을 드러낸 독창적인 공간을 디자인하려는 니즈가 높아지고 있으며, 그 결과 인테리어와 홈 스타일링 등의 수요도 증가하고 있다.

만약 자신이 공간 활용에 관심과 소질이 있다면, 이러한 니즈를 창의적으로 해결하는 방법을 고민할 수 있다. 자신만의 아이디어를 발휘하여 독특하고 효율적인 공간을 디자인해보는 것도 좋은 방법이다. 예를 들어, 작은 자취방 공간을 분리하는 아이디어나, 일반적이고 지루한 거실의 인테리어에서 벗어난 가구 배치, 패브릭, 소품 등을 활용한 스타일링 등을 제시하여 니즈를 가진 이들의 고민을 도울 수 있다. 이때, 〈오늘의 집〉과 같은 플랫폼이나 디자인 커뮤니티에서 자신의 스타일을 공개하고 발전시키는 것은 가치 있는 경험이 된다. 이러한 과정을 거쳐 포트폴리오를 쌓을 수 있고, 이를 통해 공간 스타일리스트로 활동하거나, 더 나아가 취업이나 독립적인 사업을 시작할 수도 있다.

내가 가진 리소스로 도움을 주고자 하는 과정이 곧 무한직업에 이르는 과정이다

결론적으로 무한직업을 찾는 과정은 자신이 가진 리소스로 다른 사람에게 도움이 되는 것을 찾는 과정과 밀접한 연관이 있다. 갖가지 문제를 어떻게 효과적으로 해결하고 증명하는지에 따라서, 그리고 어떤 니즈를 무엇으로 충족시키는지에 따라 직업적 수요는 얼마든지 새롭게 만들어질 수 있다. 그러므로 이익을 추구하는 데만 급급하기보다 남에게 도움을 주는 방법을 우선 고민할 때, 무한직업을 찾는 과정에 깊은 의미가 더해지고 더 큰 만족과 금전적 보상이 돌아오는 선순환을 이루게 될 것이다.

굿럭존을 알리는 신호를 캐치하라

성장의 시기가 오면 신호가 온다

자신의 업과 가치를 찾아가는 여정 속에서 내가 바라던 방향대로 잘 나아가고 있다면 시도하고 있는 일에 재미와 열정이 생길 것이다. 이 단계에서는 커리어가 성장하고 발전하고 있다는 뚜렷한 신호가 나타난다. 그 신호는 커리어 빌드업을 할 시기를 알려주는 메시지로, 행운이 연이어 다가올 것을 알려준다. 우연히 시작한 취미가 누군가의 추천으로 직업 전환이 되기도 하고, 직장인이라면 바라던 포지션으로 승진이나 이직을 하거나, 사업자라면 매출이 급증하는 등, 자신의 목표와 희망이 순풍을 타고 순조롭게 항해를 하게 된다.

이번 글은 무한직업으로 가는 다섯 번째 단계로, 자신에게 적합하고 확장 가능한 일을 찾아 빌드업하는 시기를 살펴본다. 그리고 커리어 빌드업이 이뤄지는 시기에는 어떤 행운의 신호가 있는지 알아보고, 성장세가 완벽해 보이는 상황에서 주의해야 할 점을 살펴보도록 하겠다.

굿럭존을 알아보는 3가지 신호

일이 잘 풀리고 커리어가 점점 나아갈 때 새로운 기회를 연이어 맞이하는 구간을 나는 '굿럭존((Good Luck Zone)'이라고 부른다. 운이 트이는 구간이기 때문이다. 다음 세 가지 요소는 변화를 맞이하는 커리어 확장의 강력한 신호로서 굿럭존에 진입했다는 증거이다.

1) 사람　　2) 기회의 융합　　3) 퍼펙트 타이밍

첫째, 사람이 모인다

커리어 성장의 첫 번째 신호는 '사람'이다. 일이 원활하게 진행되기 시작할 때, 도움이 되는 사람들이 모여들기 시작한다.

오래전 내가 게스트하우스를 운영하던 때 있었던 재미있는 일화가 있다. 사업 초창기에 각국 언어로 된 홍보 자료에 관한 내용을 운전 중에 직원과 의논하고 있었다. 보행자 신호가 바뀌고 신호대기선에서 일본어 번역을 할 지인이 있을지 대화를 나누던 중, 갑자기 직원은 창문을 내리고 지나가는 보행자를 향해 큰 소리로 이름을 부르더니 급하게 게스트하우스 명함을 던지며 연락하라고 외쳤다. 그 행인은 그 직원이 수년 전에 알고 지냈던 지인이자 일본어 번역가였다. 놀라운 우연이 아닐 수 없었다. 그런 뜻밖의 장소에서 때마침 필요한 사람이 나타났는지 신기하기만 했다. 이후로도, 일이 탄력을 얻고 풀리기 시작한 시기에는 능숙한 도움을 주는 사람들이 하나둘씩 나타나기 시작했다.

주변에서도 이와 비슷한 일이 자주 일어난다. 온라인 뉴스 매체 〈뉴스영〉을 운영하는 김 대표는 사업을 확장하려는 시점에 함께할 사람이 한두 명만 더 있으면 좋겠다는 생각을 했고, 때마침 우연한 기회로 인해 한 기자가 그들에 합류하게 되었다. 그리고 이어서 필요한 분야에서 그를 도와줄 연구원과 칼럼니스트도 자발적으로 합류하였다. 다양한 배경을 가진 사람들이 모여 비전을 공유하며 아이디어를 합치니, 문제해결력과 생산성도 한층 상승했다. 그는 혼자일 때는 자신의 역량과 노력으로 최대 100%의 성과를 이룰 수 있지만, 함께하는 3명의 인원이 늘어날수록 그 성과는 1,000% 이상의 시너지를 냈다.

이렇게 커리어에 변화가 있을 때 강력한 신호로서 뜻이 맞는 사람들이 다가오게 된다. 나의 '명함 투척' 사례는 전적으로 운이었다고 설명할 수밖엔 없지만, 보통은 자기 일에 대해 꾸준히 노력하고 책임을 다하기 때문에 더 나은 인연과 기회를 만날 수 있게 된다. 누군가는 그 과정을 지켜보게 되고, 결이 비슷한 사람끼리 서로를 불러 모으는 것이다.

다양한 배경과 관점을 가진 사람이 모여 창의적인 아이디어를 공유하면, 이를 실행 가능한 단계까지 이끌 수 있는 경우가 많다. 이러한 경험을 통해 성장과 발전을 위한 기반을 다지면서, 자신감과 확신이 상승하게 된다. 이는 또 다른 성과와 좋은 평판으로 이어져, 사업 확장과 성장 기회를 더욱 넓힌다.

둘째, 기회의 융합이 일어난다

굿럭존의 두 번째 신호는 이전에 경험하지 못한 새로운 시도를 통해 기회를 만나는 것이다. 나는 이것을 '기회의 융합'이라고 부른다. 이는 자신의 재능과 자원을 기본값으로 두고, 그것을 레버리지할 수 있는 대상을 만나게 된다는 것을 의미한다. 이때, 기존의 것을 새로운 방식으로 결합하거나, 새로운 아이디어를 기존의 방식과 결합해서 완전히 새로운 것을 만들어내는 등의 새로운 기회를 창출할 수 있다. 예를 들어, 넷플릭스는 기존의 DVD 대여 서비스와 인터넷 스트리밍 기술을 결합하여 완전히 새로운 비디오 스트리밍 서비스를 만들어냈다. 또한, 아마존은 드론을 물류 시스템에 도입하여 드론 배송 서비스를 시작하는 등, 기존 시스템과 새로운 아이템을 결합해 혁신적인 서비스를 제공하고 있다.

자신의 기본값에 레버리지를 할 대상은 다양하다. 예를 들어서, 레버리지 대상이 사람과 사람일 때는 첫 번째 굿럭존의 신호에서 이야기했듯이 방향을 같이 하는 사람을 만나 공동 작업을 하거나 타 분야와 협업이나 투자를 받는 등의 기회를 만든다. 또는 존경하는 이로부터 멘토링을 받는 등, 사람을 통한 시너지를 창출한다.

기술을 활용한 레버리지 역시 매우 다양하다. 특히 최근에는 인터넷을 통해 자신의 능력이나 작업물을 홍보하고, 팬덤을 형성하는 등의 기회가 더욱 많아졌다. 한 예로, 일러스트레이터 '키크니'는 프리랜서 작가로 활동하면서 독자가 보낸 감동적인 사연을 바탕으로 따뜻하고 감성적인 삽화를 그린다. 그의 그림과 글귀는 독자들의 마음을 울리기도 하며, 때로는 눈물을 자아내기도 한다. 예를 들어, 사연자가 "7년 넘게 함께해온 강아지가 암 진단을 받았는데 펑펑 우는 저를 보며 무슨 생각하는지 그려주세요"라고 부탁했다. 사연을 담은 그림 속에는 강아지가 주인을 향해 "자" 하고 손을 내밀며 "네가 아닌 게 어디야"라고 하는 내용이다. 반려동물과 함께하는 독자라면 울컥하지 않을 수가 없다. 이처럼, 키크니는 자신의 깊은 감수성과 표현 능력을 활용하여 독자들의 사연과 결합해 현재는 100만 팔로워를 넘어서는 인기 작가가 되었다. 그의 따뜻하고 공감력이 탁월한 작품들은 여전히 사랑받고 있다.

그 이외에도 사람과 동물(자연), 사람과 사물, 동물과 사물, 동물과 기술, 사물과 사물, 사물과 기술, 기술과 기술 등 전방위적인 매치가 발생할 영역은 이전보다 훨씬 확대되고 다양하다. 각 분야에서 자신이 가진 기본값에서 어떤 레버리지와 결합이 증폭 효과를 가져올지 고민해볼 필요가 있다.

이러한 전략은 마케팅 분야에서도 적용되고 있는데, 소주 브랜드 '원소주'와 온라인 게임 '리지니'의 콜라보, 대한제분의 밀가루 브랜드 '곰표'와 맥주의 결합 등과 같이 업종을 넘어선 조합도 강력한 시너지를 가져온다. 또한, 한옥의 현대화나 새로 출시되는 제품에 레트로 디자인을 가미하는 것과 같이, 새로운 것과 오래된 것의 조합도 새로운 기회를 창출할 수 있는 사례이다.

우리 주변에서 찾아볼 수 있는 굿럭존의 기회의 융합에서는 1과 1이 만나서 2가 아닌 기하급수적인 성장의 총합을 만들어낸다. 따라서 새로운 도전에 놓이는 것은 갑자기 발생한 우연이 아니라 바라던 일에 기회가 열리고 성장하고 있다는 뜻으로 해석해야 한다. 그리고 갖가지 영역을 탐험하며 귀중한 경험을 얻게 될 행운의 길에 들어선 것이다.

셋째, 퍼펙트 타이밍

"인생은 타이밍이다"라는 말이 있을 정도로, 타이밍은 개인의 경험과 기회에 대해 항시적인 영향을 미친다. 연애, 결혼, 출산,

학업, 취업, 사업 등 모든 것에는 적절한 시기가 있으며, 성공과 실패의 차이도 타이밍에 달려 있다고 느끼는 경우가 많다. 실제로 타이밍은 인생 전반에 영향을 미치는데, 결정을 내리고 행동하는 과정에서 모든 상황이 잘 맞아떨어진다면 마치 보이지 않는 힘의 도움을 받는 것 같아 운이 내 편이 된다는 느낌을 준다.

우리는 코로나 대유행을 겪으면서 전 세계의 위기 속에서도 급성장한 산업군들을 목격했다. 누구도 팬데믹을 먼저 예상하지 못했지만, 우연히도 그 시기에 언택트 산업은 날개를 달았다. 비대면 시대가 되면서 물건을 직접 보고 샀던 장년층이나 노년층까지 온라인 쇼핑을 이용할 만큼 전자상거래가 활성화되고, 그에 따라 유통업체와 포장 업체도 물량을 맞추느라 분주했다. 재택근무가 늘어나면서 화상 회의 플랫폼 줌(Zoom)은 전 세계인의 화상 회의나 수업에 표준매체가 되었고, 회식 대신 배달음식 주문량은 급증했다. 마스크는 생존을 위한 필수품이 되었고 팬데믹이 진행되는 몇 년간 사람들은 제약회사에 자신의 운명을 걸었다. 그리고 단순히 집에만 있는 생활을 넘어 불멍, 물멍, 차박족과 같은 신조어까지 등장하면서 아이러니하게도 아웃도어 시장이 비약적으로 성장했다.

결코, 팬데믹이 행운의 신호일 리는 없다. 그러나 기업들은 이러한 위기 속에서 기회를 찾아내고 새로운 비즈니스 모델을 발견한 셈이다. 어떤 기회가 자신에게 다가올지 미래는 누구도 예측할 수는 없다. 하지만 상황이 변했을 때 이것을 시의적절하게 기회로 활용하기 위해서는 적시에 대처할 준비가 되어 있어야 한다. 그래서 지금 하는 일을 충실하게 열심히 하는 것이 무엇보다 중요하다. 그리고 그 일을 즐기고 잘 수행하면, 완벽한 타이밍을 맞춘 것과 같은 강력한 신호를 받게 되는 것이다.

행운이 연이어 다가올 때 가장 조심해야 할 한 가지

새로운 에너지와 사람과 환경 등 큰 변화가 있는 굿럭존에서는 성장과 확장의 긍정적인 신호를 감지하게 되지만, 반대로 주의해야 할 점도 있다. 모든 에너지가 상승곡선을 향하는 그때, 경각심을 주는 어른들 지혜의 말을 꺼내 써야 한다. 잔소리처럼 많이 들었던 말이다. "잘나갈 때 조심해라."

하는 일이 잇따라 잘 풀리고 금전적인 보상도 많이 주어지면 지나치게 자신감이 솟구치고 무슨 일을 해도 쉽게 다 잘 될 것 같은 과잉확신에 사로잡힐 수 있다. 이것이 위험한 이유는 주변 상황을 소홀히 하고 배움과 노력을 중단할 수 있기 때문이다. 그리고 곧 성장을 멈추게 된다.

손흥민의 아버지 손웅정은 그의 저서 《모든 것은 기본에서 시작한다》(수오서재, 2021)를 통해 자만을 경계하고 교만하지 않을 것을 당부했다. 뛰어난 축구 선수인 그의 아들 손흥민은 세계적인 리그에서 활약하고 있음에도 여전히 기본기를 다지는 데 전심을 다한다. 아버지는 아들이 좋아하는 일을 하면서 행복할 수 있기를 바라면서 혹여 성공에 도취해 성장을 위한 노력 없이 그대로 안주하게 될까 봐 그런 마음 상태를 가장 경계한다고 한다. 그러면서 계속해서 기본기에 집중하면서 초심을 다지고 어제 경기력보다 더 나은 방법을 고민하도록 이끌었다. 덧붙여 그는 "명성을 쌓는 데는 20년이 걸리지만 무너지는 데는 3분도 채 걸리지 않는다"라며 항상 자만을 경계하라는 메시지를 전했다.

우리도 이 의미를 모르진 않는다. 그러나 쉽게 잊는다. 스포츠뿐만 아니라 모든 일에서 마찬가지이다. 경력과 명성을 쌓아 올리는 것은 오래 걸리지만 자만하는 순간 꺾여 내려오는 건 한순간인 것을 마음 깊이 새길 필요가 있다.

그렇다면 자만하지 않기 위해서 가져야 할 태도는 무엇일까. 그것은 겸손이라고 강조한다. 겸손은 자신의 한계와 불완전함을 인정하는 것이다. 겸손한 마음은 자신이 완전하지 않기 때문에 커리어의 정점에 오르는 순간이 오더라도 최고라는 생각보다 어제보다 더 배우고 성장할 여지가 있다는 것을 깨닫게 한다.

아는 것이 많고 배움이 깊은 사람일수록 세상에 모르는 것이 많다며 겸양의 자세를 지닌다. 그리고 최고의 자리에 이르렀다고 여겨지는 이들은 오히려 여전히 부족하며 노력할 것이 많다고 얘기한다. 하지만 자만하는 사람은 모르는 것이 많음에도 이미 다 안다고 착각하거나 다른 사람보다 자신이 우위에 있다고 생각한다. 그러나 이미 완성되었다고, 혹은 충분하다고 스스로 생각할수록 발전할 수 있는 경로를 스스로 차단해버리는 셈이 된다.

다시 정리하면, 겸손은 나의 부족함을 인정하는 것에서 멈추는 것이 아니라 개선해야 할 점을 인지하고 정교함까지도 완성에 가까워질 수 있도록 지속해서 학습하고 노력하는 자에게 스며드는 것이다. 결론적으로 겸손은 성장의 키워드이고 자만과 교만으로 빠지지 않는 항로표지이다.

위에서 살펴본 성장과 발전의 세 가지 신호(사람, 기회융합, 타이밍)는 커리어를 확장하는 데 적극적으로 활용해야 한다. 그러나 일이 잘될수록 겸손한 마음을 가짐으로써 급격한 충격을 막는 안전장치를 마련해두어야 한다는 것을 기억하자.

지속가능성
: 생존을 뛰어넘는 성장

지금까지 무한직업을 찾는 과정을 함께 하면서 성장의 신호를 포착하는 방법까지 살펴보았다. 모든 과정의 핵심적인 열쇠는 자신의 무한직업을 찾는 데에 대한 열정과 지속적인 성장을 위한 태도이다. 직업에 대한 열정이 있을 때 우리는 동기를 얻고 생산적인 태도로 일에 임하게 된다. 하지만 시간이 지나면 체력이 소모되거나 익숙함으로 인한 지루함, 또는 반대로 새로운 일에 대한 압도감이나 좌절감이 생길 수 있다.

여섯 번째 무한직업 여정에서는 일에 대한 열정을 유지하고 지속 가능한 성장을 위한 몇 가지 조건을 제시하고자 한다.

목표를 점검한다

가장 중요한 것은 목표에 집중하는 것이다. 이미 두 번째 단계에서 정의된 분명한 목표설계에 관해 이야기했다. 그러나 적합한 일을 찾았다 하더라도, 그 일을 수행하는 과정에서 매번 즐거울 수만은 없다. 따라서 지금 그 일을 하는 이유와 원동력을 다시 점검하고, 처음 설정한 목표에 다가가는 중인지 아니면 수정이 필요한지 진행 상황을 점검하는 피드백을 통해 노력의 결과를 객관적으로 평가해야 한다. 어떤 일을 찾든, 어떤 업무를 하고 있든 목적을 명확하게 이해하고 달성 가능한 목표를 설정하는 것이 집중력과 동기를 높인다. 작은 목표라도 자신의 성취를 자주 인정할 수 있도록 설계하면 긍정적인 사고와 의욕적인 시각을 유지할 수 있다.

성장 마인드를 가진다

다음으로, 성장 마인드를 가진다. 때로는 일을 반복하다 보면 몸에 익숙해지고 더는 배울 것이 없다고 생각이 들어 그 상태로 안주하게 된다. 호기심이 떨어지거나 학습을 게을리하게 되는 시점이 바로 그 신호이다. 그럴 땐 변화의 필요성을 자각하고, 혼자 할 수 없다면 외부적 자극을 받을 수 있는 환경을 마련해야 한다. 예를 들어, 다양한 사람들과 어떠한 주제를 갖고 스터디를 주최하거나 참여하여, 새로운 지식과 기술을 학습하고 자신의 업무에 적용할 것이 있는지 고민해보는 것이 좋다. 자신의 성장에 한계를 설정하지 않고 지속해서 학습하고 지식을 확장하는 노력은 더 넓은 세상을 향한 시야를 넓혀준다. 그리고 언제 다가올지 모르는 역경을 극복하게 할 탄력성을 구축하는 질 좋은 연료가 되어준다.

부정적인 생각의 재구성 (feat. 시각화)

살다 보면 일이 뜻대로 풀리지 않거나 부정적인 생각에 사로잡힐 때가 있다. 그런 부정적인 생각에 매몰되지 않고 생산적인 사고를 하는 시각화 방법을 예시로 소개한다.

Netflix 다큐멘터리 시리즈 '더 플레이 북'은 스포츠 선수들의 경기에 대한 부담과 불안감을 다루고 이를 극복하기 위한 마인드 솔루션을 통해 우승을 이룬 이들의 인터뷰를 담았다.

첫 번째로 소개된 인물은 전직 NBA 선수이면서 효과적인 지도력과 시각화 전략으로 성공적인 업적을 이룬 NBA 코치 닥 리버스(Doc Rivers)이다.

그는 선수들이 경기에 대한 두려움과 압박감을 느낄 수 있는 부정적인 상황을 이렇게 해석했다. "압박이 있는 상황에 처했다는 것은 자신이 그만큼 올라갔다는 것을 의미한다."라며 오히려 압박에 특권의식을 가져야 한다고 말이다.

어떤 업계에서든 자신의 위치가 높아질수록 경쟁은 더욱 치열해지고 부담은 커지기 마련이다. 그것은 평범한 일상에서는 경험하기 힘든 감정이기 때문에, 리버스 코치는 경쟁과 부담을 자신의 성장 증거로 인식하기를 강조했다.

그는 자기 팀의 목표를 NBA 챔피언십으로 삼고 시각화 훈련에 돌입했다. 누구도 그의 팀이 우승할 것을 기대도 하지 않을뿐더러 어림도 없다는 반응이 지배적이었다. 하지만 그는 확신했고 선수들에게도 그의 비전을 공유했다. 선수들이 훈련 중에도 눈앞에 비전을 인지하도록 그는 역대 16개의 우승 배너들이 걸린 경기장 벽 옆에 17번째 우승 배너가 걸리게 될 빈자리에 조명을 달아 그곳에 스포트라이트를 비췄다. 그리고 선수들에게 그 우승 배너가 걸릴 자리를 향해 뛰도록 강하게 압박했다. 선수들은 매일 연습할 때 17번째 우승 배너 자리가 빛나는 것을 보며 승리의 감각을 키웠고 지지 않는 게임을 위해 최선을 다했다.

그는 인터뷰에서 '이기고 싶었다'라고 하지 않고 '지지 않는 것이 목표'라고 했는데, 이것의 차이는 아마도 이미 우승팀이라는 생각을 확고히 했기 때문일 것이라고 여겨진다. 이기기 위해서 뛰는 것은 질 수도 있다는 가정이 존재하지만, 이미 그의 비전에서 자신의 팀은 우승을 확정했기 때문에 '지는 것'은 모순이다. '절대 지지 않는다'라는 것은 '반드시 승리한다'는 것과 동의어로 읽혔다. 따라서 절대 지지 않는 방법을 연구하고 훈련하는 것은 굳건한 승리를 위한 자기 확신에 매우 효과적인 감각 유지 방법일 것이라는 생각이 들었다.

결국, 그의 팀은 경기 중반에 수많은 위기에도 불구하고 '지지 않는 싸움'을 위해 최고의 기량을 발휘했고, 17번째 챔피언십 우승을 달성했다.

이쯤에서 시각화에 대해 살펴보려고 한다. 정신분석가 노먼 도이지의 저서 《기적을 부르는 뇌》에서 인간의 뇌는 훈련을 통해서 완전히 새롭게 거듭날 수 있는 적응력을 지녔다고 말한다. 우리의 뇌에서 자주 사용하는 뉴런 회로는 보다 강화되고, 사용하지 않는 회로는 약화되는 현상이 일어난다. 어떤 생각과 행동을 반복하는지에 따라 인간의 뇌는 끊임없이 구조와 기능이 변하는데 이것을 뇌 가소성이라고 한다. 이러한 뇌 가소성은 시각화와 밀접한 관련이 있다. 시각화는 우리가 머릿속에 상상한 것을 눈앞에서 보는 것과 같은 경험을 제공한다. 이렇게 반복해서 상상하면 우리 뇌는 마치 실제로 그 상황에 노출된 것과 같은 경험을 하게 되어, 뇌의 회로를 새롭게 구축한다. 따라서 시각화를 통해 원하는 결과를 머릿속에 그려내고 그것을 자주 되새기면, 뇌의 구조와 기능이 변화하게 되어 더 효과적으로 우리의 목표를 달성할 수 있게 된다는 것이다. 그런데 이때 간과해서 안 되는 것이 있다. 바로 원하는 대상과 자신의 감정이 일치해야 하는 것이다.

자신이 현실에서 이루고 싶은 것을 마음속에 떠올리고 진심으로 느끼도록 반복적으로 훈련할 때, 그것이 현실이 될 가능성은 상당히 크다. 이러한 효과는 감정과 신경계가 밀접한 관련이 있기 때문이다. 신경계는 어떤 감정과 아이디어나 결정 등을 나타낼지 반응을 담당하고, 기분 좋은 감정은 계속해서 그 행동을 반복하도록 신경계를 자극한다. 이러한 현상은 마치 설레는 이성을 계속해서 보고 싶은 것과 유사하다.

그러니 목표에 계속 집중해서 훈련하고 진심으로 열정을 쏟으면 이루는 방법이 보인다. 그 방법으로 연습을 거듭했을 때 그 가능성이 월등히 커지는 것은 어쩌면 뇌의 입장에서는 당연한 일이다. 단지 우리가 뇌를 제대로 활용하지 못하고 있을 뿐이다.

일과 삶의 균형 유지

자신은 충분히 노력을 다해 살고 있는데 의욕이 좀처럼 생기지 않거나 아니면 반대로 지나치게 일에만 몰입하는 때도 있다. 주로 완벽함을 추구하고 자신에게 엄격한 경우엔 일의 결과에 따라 극심한 감정 소모와 신체 피로를 경험한다. 이런 번아웃을 예방하고 에너지를 유지하기 위해서는 적절한 휴식과 관리가 필요하다는 건 이미 알지만, 실천하기는 어렵다.

그러나 운동이나 취미생활 또는 가족이나 사랑하는 사람과 시간을 보내는 것은 무엇보다도 삶의 우선순위에 두어야 할 일이다. 건강과 가족의 사랑은 잃었을 때의 고통이 너무나 크고 회복도 더디기 때문이다.

아무리 자신이 생각하는 성공의 가장 위까지 오른다고 하더라도 건강이 나빠져 성공한 삶을 누릴 수 없거나 함께 나눌 사랑하는 사람들이 없다면 그처럼 공허한 인생도 없을 것이다.

따라서 몸과 정신을 재충전하고 돌보는 시간은 건강한 삶과 일의 균형을 유지하는 데 필수적이다. 건강과 사랑이 유지되어야만 업을 찾는 것도, 성공도 모두 의미가 있을 테니 말이다.

감사할 것 : '저게 저절로 붉어질 리는 없다.'

끝으로 지속 가능한 성장을 위한 마지막 요소는 감사로 꼽았다. 자신이 존재하는 순간부터 수많은 사람의 도움이 있었고, 우리가 누리는 모든 것은 누군가의 땀과 노력 덕분에 이루어졌다. 그러므로 거저 얻어지는 것은 아무것도 없다는 것을 기억해야 한다.

장석주 시인은 〈대추 한 알〉에서마저도 많은 것들을 헤아린다.

저게 저절로 붉어질 리는 없다.
저 안에 태풍 몇 개
저 안에 천둥 몇 개
저 안에 벼락 몇 개

저게 저 혼자 둥글어질 리는 없다.

저 안에 무서리 내리는 몇 밤

저 안에 땡볕 두어 달

저 안에 초승달 몇 날

우리도 성숙하게 물 들어가는 데 태풍과 천둥과 벼락을 거치고, 둥글게 빚어지는데 수많은 날이 필요하다. 직업을 찾는 과정이든 목표에 다다라 성공으로 향하든, 혹은 예상치 못한 태풍과 천둥 속에서 힘들어하는 상황일지라도 모든 것에 감사하는 마음을 갖는 것이 중요하다. 결국, 감사의 마음은 자신을 위한 것으로 되돌아온다.

감사할 대상은 어디에나 있다. 우리가 호흡하는 것은 몸이 건강하게 제 기능을 다 해주어서이고, 깨끗한 물을 마실 수 있는 것도 인프라를 잘 마련해주어서 누릴 수 있는 것이다. 감사하는 마음은 나를 둘러싼 모든 것에 소중함을 알게 하고 인생의 좋은 점을 바라보게 한다. 그리고 어려운 상황 속에서도 일어날 힘을 키우고 회복력을 높인다. 지금부터 이미 가진 것을 되돌아보자. 감사하는 마음으로도 긍정을 강화하고 삶에 더 큰 만족감을 느낄 것이다.

정리하면, 지속 가능한 성장이란, 반복되는 상승과 하락에서 진폭을 줄여나가며 탄력성을 기르는 것이다. 이를 위해서는 성장 의지, 건강한 삶과 일의 균형, 그리고 감사의 마음을 유지하는 것이 필요하다. 이러한 요소들이 결합하면 자신의 한계를 넘어서는 역량과 지속 가능한 성장을 이룰 수 있게 된다. 언젠가는 삶의 업과 다운 속에서 생존하는 것 이상으로 자신의 한계를 넘어서는 순간을 경험할 수 있을 것이다.

4장

나는 이런 잡을 해왔다

가르치는 게 맞아 공부방

스물셋, 덜컥 공부방을 차리다

대학교 입학 당시 큰 고민 없이 선택한 학과는 나에게 졸업 후 무엇을 할지 큰 고민을 안겨주었다. 결국, 휴학하고 매 학기 쌓인 학자금 대출금과 생활비를 충당하기 위해 급여조건이 좋은 아르바이트를 찾아야 했다. 그러던 어느 날, 한 어학원에서 강사를 모집한다는 공고를 보았다. 그 순간 무슨 자신감이 생긴 것인지, 나는 일단 지원해보기로 했다.

면접 시범 강의를 마친 후 원장은 나를 마음에 들어했지만, 학부모에게 신뢰를 줄 수 있을지 고민을 표시했다. 첫째로, 내가 휴학생이라는 점이 있었고, 두 번째로는 너무 어려 보였기 때문이다. 그러나 나의 설득 끝에 향후 복학 계획이 있음을 전제로 휴학을 문제 삼지 않기로 했고, 나는 내 미숙한 외모를 실력과 성실함으로 커버하기로 약속하고 시간제 강사직을 얻게 되었다.

그렇게 맡게 된 반이 초등 고학년 반이었는데, 어린 시절 동네 친구들 앉혀두고 선생님 놀이를 한 것이 도움이 되었는지, 체질적으로 가르치는 게 맞았는지 학생들의 반응이 꽤 괜찮았다. 그중 몇몇 학부모로부터는 별도로 과외를 해줄 수 있는지 문의가 들어오기도 했다. 초반에는 학원 강의 이외 시간에 과외를 하다가 점점 학생 수가 늘자, 집마다 이동해야 하는 시간도 줄이고 더 많은 학생이 찾아올 수 있도록 공부방을 오픈하리라 마음먹게 되었다. 그리고 공부방 오픈 준비를 위해 각 지역을 돌며 방문 수업을 할 때는 동네 분위기와 인근 학원과 학교 학생 수, 교통편 등을 자세히 살펴보았다.

공부방 입지 선정 기준은 이렇게 정했다. 주변에 학원이 많지 않고 소득 수준이 비교적 높은 대단지 아파트의 학생들이 걸어서 통원할 수 있는 곳이면 좋았다. 그래야 과외 수요가 있을 것이라는 지극히 단순한 계산이었다. 지금은 이런 조건이면 어김없이 대형 어학원들이 단지 내 상가에 먼저 자리할 테지만, 그때는 틈새시장이 통했는지 이집 저집 방문하면서 눈여겨보던 지역에 공부방을 차리게 되었다.

가르치는 일은 '정공법'으로 승부

보증금과 임대료를 내기 위해 그동안 저축해둔 강사 월급과 과외 수입으로도 모자라, 카드 대출을 이용하여 나머지 금액을 마저 냈다. 방문 수업을 받던 학생 중 거리가 있어서 오지 못하는 학생 일부를 제외하니, 소수의 학생으로만 시작하게 되었다. 이자와 월세 부담이 컸지만, 동네를 옮기고 학원에서 공부방으로 이전한 환경에도 나를 계속 찾는 학생이 있다는 사실에 희망을 걸었다. 나를 따르는 아이들이 있으니 시간이 조금 걸리더라도 성실하게 실력과 관심으로 아이들을 지도하면 입소문이 날 것이라며 '정공법'을 믿었다.

당시 학생 가운데 초등학교 5학년에 공부도 잘하고 의욕도 넘치는 아이가 있었다. 다소 예민한 성격이라 과외 선생님을 자주 바꿨는데 다행히 나와는 결이 맞았다. 아이가 잘 따라주고 나를 좋아해서 수업을 재미있게 진행한 덕분에, 아파트 부녀회장이었던 학부모의 자발적인 홍보로 재원생들을 점차 늘려갈 수 있었다. 가르치는 일은 성실히, 열심히, 그리고 아이들의 목표를 이룰 수 있도록 책임을 다하면 되는 일이다. 나는 그 원칙을 지켰고, 다행히 우리 공부방은 입소문을 타기 시작했다.

아이들을 가르치는 일은 좋은 에너지를 나누는 일

학생들이 다양해지면서 성적도 성격도 학년도 모두 다르다 보니 아이들에게 맞게 수업 방식도 다양해야 했다. 집중력이 얼마나 되는지, 어느 과목에 관심이 있는지, 이해력은 어떤지, 공부 이외의 관심사는 무엇인지 관찰하고 아이들에게 어떻게 학습 동기를 줄지 고민하는 것도 내 몫이었다.

엄마의 강요로 인해 출석만 겨우 하던 중1 남학생이 있었다. 수업은 시험 기간에만 잠시 하는 것일 뿐이고, 게임은 매일 기록을 경신해야 하는 인생 최우선 과제였다. 그 당시 '스타크래프트' 전략 시뮬레이션 게임에 한참 빠져있다는 걸 알게 됐을 때, 나는 아이가 산만해진 틈을 스타크래프트의 게임 유닛들이 쓰는 영어 대사를 톤을 흉내 내며 주의를 끌었다. 학생은 전혀 예상치 못했는지 '우와! 선생님도 스타 해요? 저도 그 대사 알려주세요!'라며 금세 홍미를 보였다.

단순히 즐거움을 주는 것으로만 가르칠 수 없고, 그렇다고 성적 향상에 초점을 맞춰 강제적으로 지식을 주입하는 선생님이 되고 싶지는 않았다. 가르치는 것은 아이를 키우는 것만큼이나 중요하고, 그만큼 책임감이 큰일이라 생각했다. 어른들의 한 마디가 아이들 인생의 향방을 정할 수 있다고 믿었다. 나부터 좋은 책을 읽고 좋은 생각을 하며 아이들에게 좋은 에너지를 나누어야 한다고 생각했다. 수업이 비는 시간에는 학습 상담 이외에도 학부모님들과 소소한 대화를 자주 하다 보니 집안 대소사부터 마음에 담고 있는 이야기를 듣는 일도 잦았다. 가끔은 수업이 끝나면 이웃한 학부모들이 하나둘씩 모여 사랑방 같은 분위기가 되기도 했다.

ADHD 공룡 박사님이 가져다준 효과

학원에 다니지 않는 초등학교 3학년 A는 집에 혼자 있기 싫을 땐, 친누나를 따라와 수업시간에 가만히 옆에 앉아 공룡 책만 들여다봤다. 읽은 책을 또 보고 계속 봐서 내용을 다 외울 정도였지만, 어머니가 아이들을 픽업하려고 오면 책에서 눈을 떼지 않고 방해하지 말라며 불같이 화를 내곤 했다. 그런 아이의 태도가 이해되진 않았지만, 도대체 왜일까 이유는 궁금해졌다.

어느 날 나는 A에게 좋아하는 공룡에 관해 이야기를 들려달라고 했는데, 아이는 놀랍게도 공룡의 연대기부터 종별 특성까지 줄줄 꿰고 있었다. 그리고 다른 아이들과 다르다고 느낀 건 그 놀라운 지식뿐 아니라 공룡 책을 볼 때나 공룡 이야기할 때를 제외하고는 매우 산만하고 누나와 엄마에게 폭언도 서슴지 않았다는 점이다.

요즘은 아동심리나 문제행동 교정에 관해 참조할 만한 콘텐츠들이 많지만, 2000년 초반에는 미디어를 통해 접근할 수 있는 자료가 드물었다. 지도하는 학생은 아니지만, 그 아이의 심리가 궁금해져 교육심리학, 아동심리학 등의 참고가 될 만한 전공 서적들을 찾아봤다. 그렇게 얻은 얇은 지식으로 A의 행동이

ADHD(주의력 결핍 과잉행동 장애) 아동과 유사하다는 걸 알게 되었고, 조심스럽게 아이 태도에 대해 어머니와 상담을 했다. 어머니는 아이에게 ADHD가 있다는 사실을 이미 알고 있었고, 아이는 학교에서도 뛰어다니고 소리를 지르는 등 도저히 수업할 수 없는 지경이라 전학을 권고받았다고 했다. 부모는 맞벌이에다, 특별한 아이라 어디 맡길 데도 없다 보니 유일하게 군소리 없이 따라온 공부방에 누나가 있는 시간만큼이라도 지켜봐 주었으면 하는 마음으로 데려온 것이다.

작은 동네 유치원 원장인 어머니는 A가 어릴 때 본인의 유치원에서 다른 아이들과 함께 아이를 양육했다. 내 자식보다 다른 아이들 돌봄이 우선일 수밖에 없었던 원장 엄마는 A가 사고를 쳐야만 그제야 아이를 돌아보고 꾸중했다. 엄마의 관심을 받고 싶어 하는 아이는 차츰 문제행동을 더하게 되고, 소외되고 사랑받지 못한다고 느낀 아이는 분노로 애정을 갈구했다.

누나를 따라 어김없이 방문할 A를 위해 두툼한 공룡 책과 유아용 원서를 한 권씩 선물했다. 그날 집으로 돌아간 아이는 "선생님이랑 공부할래!"라고 '폭탄선언'을 해버렸다. 화들짝 놀란 엄마는 감격과 놀라움이 뒤섞인 채 그 말을 전했고, 나는 아이 학습 진도에는 욕심내지 말고 천천히 적응할 수 있도록 여유를 달라고 요청했다. 얼마 동안은 내리 공룡 이야기만 들어주며, 아이가 문제행동을 일으키는 것에는 관심을 보이지 않고 잘한 일에 대해서만 반복적으로 감탄과 칭찬을 해주었다. 차분해지면 함께 앉아서 책을 읽었다. 그리고 수업을 마치면 부모님에게는 오늘 A의 일과 중 어떤 시간이 가장 행복했는지 꼭 들어달라 부탁했다. 애정 어린 관심만으로도 아이는 조금씩 변했고, 차츰 학습에도 관심을 두게 되었다. 그 변화는 입소문을 타고 다른 비슷한 아이들에게도 닿았는데, 이후로 점점 ADHD와 틱장애가 있는 학생들이 늘기 시작했다.

앞만 보고 달리다가 내가 놓친 것

아동심리학 전공자도 아닌 내가 난이도 높은 전문 분야의 일과 학습을 함께 잘하기란 쉽지 않았다. 틈나는 대로 고군분투하며 독학했지만, 특수아동들을 교육하는 것은 많은 어려움이 따르는 일이었다. 초, 중학생이었던 기존 수강생들은 자라서 어느덧 고등학생이 되었고 전교 1등부터 학습장애 학생까지 극단적인 학습력 차이로 수강생 관리에 상당한 에너지를 쏟아야 했다. 보조강사를 구인했지만 대부분 오래가지 않아 그만 두었다.

오랫동안 함께한 아이들의 성적을 책임지고 있으니 입시 철마다 나는 압박감에 시달려 수능을 치는 꿈을 꾸기도 했다. 아이들의 변화를 지켜볼 때마다 보람과 성취감을 느꼈지만, 그렇게 몇 년을 운영하다 보니 영업이 잘될수록 몸은 점점 지쳤다. 아이들에게 좋은 에너지를 나누어 주는 일이 잘 가르치는 일이라 믿었지만, 학생이 많아지자 나 혼자서 감당하기에는 물리적으로 벅찬 나날이 이어졌다. 몸과 마음에서 아프다는 신호를 보내오기 시작했다. 그러다가 어느 날 문득, 이런 식으로 불태우다가 모든 것이 멈추게 될 것 같아 덜컥 겁이 났다.

공부방을 떠나야겠다는 판단이 들었다. 그리고 다음 일은 내 노동력을 직접 투입하지 않고도 수익을 낼 수 있는 일을 찾는 데 주안점을 두었다. 공부방 자리를 알아볼 때 막연히 관심을 두었던 부동산 분야를 본격적으로 공부해보리라 마음먹고 차츰 공부방을 정리해나갔다.

돌아보면 차라리 학원으로 규모를 키우고 분야를 나누어 강사를 채용하는 쪽으로 방향을 잡았다면 어땠을까 하는 생각도 해봤다. 그러나 한참이 지나 영국 유학 생활 중에 우울증을 겪으면서 정신과 상담을 받았을 때, 공부방에서 겪은 스트레스가 그 원인 중 하나였다는 사실을 알게 되었다. 그래서 내 마음은 이미 그곳에서 벗어나고 싶어 했다는 걸 인정하기로 했다.

서비스업의 종합예술, 게스트하우스

낡디 낡은 상가 건물, 체납 관리비만 1,700만 원

공부방을 시작하면서 동시에 틈틈이 부동산 관련 책을 읽고 관심을 키웠다. 부동산 매입에는 목돈이 들기 때문에, 처음에는 소액으로 투자할 방법을 먼저 배워야 했다. 그래서 첫 부동산 공부를 경매로 시작하기로 하고, 시중에 나온 경매 서적을 읽고 강좌를 수강했다. 약 반년이 지난 후, 나는 직접 투자를 시도해 보고 싶었고, 작은 원룸부터 차근차근 입찰을 해보았다. 그러던 중, 어느 날, 눈에 띈 상가 하나가 있었다. 건물 위치와 비교하면 감정가가 낮고 3회 유찰 중이었는데, 그 이유가 너무나 궁금해서 당장 현장으로 달려 가보았다.

물건은 총 17층 231세대 오피스텔 건물의 2층 상가 복도 끝에서 모퉁이를 돌아, 끝인가 보다 했더니 또 끝에 있었다. 그렇다 보니 어떤 업종이라도 영업이 쉽지 않아 보였고, 건물마저 낡고 어두워서 음침하고 으스스한 기운까지 느껴졌다. 게다가 유흥업소로 쓰였던 해당 상가는 전 소유자의 잠적으로 2005년부터 51개월간 공실 상태였고 체납 관리비만 무려 1,700만 원에 달했다.

이런 악조건에서도 물건을 낙찰을 받는다면, 과연 어떤 용도로 활용할지 고민했다. 20대 후반, 가장 친한 친구와 함께 한 달간의 호주 배낭여행에서 즐거웠던 게스트하우스 경험이 떠올랐다. 건물 위치만 봐도 해운대 바닷가 바로 건너편에 위치하고, 시티투어 버스와 공항리무진 정거장이 입구에 있으며, 맛집이 가득한 재래시장도 건물 뒤쪽에 있었다. 게다가 해당 상가는 건물 내 복도의 가장 조용한 구석에 자리해있어 도로 소음도 거의 없어 조용하게 숙박하기에 안성맞춤이었다.

뭘 해도 망해나가는 자리를 선택한 이유

문제는 전 소유자의 관리비 체납인데, 입찰 전 몇 가지 조사를 한 바로는 전유부분(專有部分)의 체납과 연체료는 승계되지 않는다는 점에 주목했다. 또한, 집합건물의 관리비 채권은 민법 제163조 제1호에 의해 3년까지의 청구권은 그 소멸시효가 완성된다는 판결문을 참조했다. 이 의미는 51개월간 전 소유자가 체납한 관리비 중 36개월을 제외한 나머지 15개월 동안 부과된 공용부분 관리비만 내면 된다는 것이다. (낙찰 후 영업을 하면서 직접 관리단에 보낸 내용증명부터 법률 전문가 지인들의 의견을 얻어 작성한 준비서면과 입증자료로 약 10개월 동안 소송을 진행하였고, 법원은 나의 주장을 모두 받아들였다).

그렇게 해서 게스트하우스로 영업만 잘한다면 손익분기점을 빠르게 넘어설 것이라는 판단이 선 나는 그 비어 있던 넓은 상가를 낙찰받기로 했다.

여성 전용, 아니, 그런 거 아닙니다

처음 하는 숙박사업이면서 규모도 크지 않기 때문에 여성들만 이용할 수 있는 게스트하우스로 범위를 한정했다. 혼자 여행하는 여성들도 안전하고 편안하게 머물 수 있도록 방범에 신경을 썼고, 아기자기하고 아늑한 분위기로 인테리어를 완성했다. 지역 광고에 이 게스트하우스는 여성들만을 위한 공간이라는 것을 강조했다.

그런데 여성 여행객의 작은 환호를 기대하며 첫 손님을 기다렸지만, 예상치 못한 남성들의 전화문의가 계속되었다. '여성 전용' ○○○ 게스트하우스의 작명 에러를 고민할 정도였다.

"여보세요? 오늘 두 명요."

"여성분이 숙박하실 건가요?"

"아니요, 남자 두 명인데요."

"죄송합니다. 여기는 여성분들만 이용하실 수 있는 숙박 시설입니다."

"아, 죄송합니……."

'다'에 마침표를 찍기도 전에 황급히 끊어버리는 남성들의 전화가 끊이질 않았다. 문제의 원인을 찾지 못하던 중 우연히 유흥업소에 걸린 '여성 전용' 문구가 들어간 간판을 보고 그제야 '여성 전용'이 다른 용도로도 쓰이고 있다는 걸 알게 되었다. 그 당시 많은 유흥업소에서 사용되던 이 표현 때문에 '여성이 제공하는 서비스'로 오해한 남성들이 이러한 업소를 떠올려 전화를 한 것이었다. 이것을 알게 된 후로 불특정 다수에게 맞춰진 전단이나 지역광고를 거두고 숙박 예약플랫폼과 여행 콘텐츠에만 상호를 노출하는 것으로 마케팅 방식을 바꾸고 나서야 '여성 전용' 문의가 잠잠해졌다.

알음알음 입소문으로 이룬 '위아 더 월드'

주변에 많고 많은 것이 숙박 시설이지만 시장을 세분화하면 새로운 수요를 확보할 수 있다고 믿었다. 여성 전용 이외 게스트하우스의 정체성을 이용자에게 명확하게 전달할 만한 콘셉트가 필요했다. 사업 규모 면에선 단체 손님보다 나 홀로 또는 소수의 일행이 어울리는 곳이다 보니, 아무 정보와 계획 없이 가볍게 오는 손님에게도 기호별 맞춤 여행을 안내하고 현지에서 친구도 만들 수 있는 분위기를 제공하고 싶었다. 체크인하면서 어떤 목적으로 왔는지, 어떤 것을 하고 싶은지, 궁금한 것, 먹고 싶은 것 등을 묻고 테마에 어울리는 손 그림지도를 제공했다.

손 그림지도는 직접 발로 찾아다니며 픽(pick)한 '동네 여지도'로서 여러 테마로 나뉘었다. 손 그림지도에 담을 수 없는 부분은 관광 지도를 펼쳐서 주제별로 코스 안내를 했다. 머리를 식힐 겸 훌쩍 떠나와서 조용하게 책을 보고 싶은 여행객에겐 헌책방골목과 커피가 맛있고 책 읽기 좋은 카페와 인근에서 혼자 밥먹기 좋은 식당이 있는 코스를, 쇼핑을 좋아하는 여행객에게는 아이템 획득할 수 있는 쇼핑 코스를, 식도락 여행객에게는 맛집코스를, 예술 문화에 관심 있는 여행객에게는 관람 전시코스를, 처음 이 도시에 방문한 여행객에게는 시티투어와 골목 투어를 소개했다.

한 사람, 한 사람의 리뷰가 차곡차곡 쌓이기 시작하면서 점차 바이럴이 일어났다. 우수 숙박 시설임을 증명하는 '굿스테이'에 선정되어 여행 책자에 안내되었고 숙박한 손님 중에는 해외 블로거, 유명 잡지사 편집장도 있어 자연스럽게 다양한 매체에 소개되고 해외 여행객 유입도 늘었다.

게스트하우스 거실에는 손님들이 조금이라도 더 머무를 수 있도록 지역 작가 작품이나 수공예품을 전시/판매했다. 거실과

이어진 주방에서는 갖가지 음식이 제공되었다. 조식으로는 딸기잼을 바른 토스트에 달걀과 치즈, 케첩과 머스터드를 올린 토스트와 음료를 제공하고 명절에는 떡만둣국을 만들어 나누어 먹었다. 여행을 마치고 숙소로 돌아온 손님들은 초면에 어색함도 잠시, 거실에 둘러앉아 그날의 에피소드를 공유하기도 하고, 영화도 함께 보다가 그마저 아쉬울 땐 해변 앞 칵테일 바(bar)로 달려가 술 한 잔에 다시없을 그 밤을 이야기했다. 그렇게 혼자 왔다가 '위아 더 월드(We are the world)'를 외치는 곳이 되었다.

소중한 인연의 시작

어느날, 야무지게 마르고 씩씩한 20대 여성이 커다란 트렁크를 이끌고 찾아왔다. 1박을 예약한 것치고는 짐이 꽤 많아서 해외에서 왔나 싶었다. 간단히 체크인을 마치자 마치 잘 아는 곳인 양, 광야에 풀어놓은 말처럼 밖으로 달려나갔다.

다음 날, 이 손님은 만취한 상태로 침대도 아닌 바닥에 달라붙어 있었다. 체크아웃도 해야 하지만, 그보다 저토록 육포처럼 납작하게 붙어있다면 분명 체내수분도 육포 수준일 것이었다. 일단 뭘 좀 먹여야 했다. 바닥에서 떼어다가 콩나물 해장국집에 데려가 급식했더니 금방 눈빛이 살아났다. 연비 효율이 아주 높았다. 자신은 휴학생이라 했고 잠시 아버지 사업을 도와 일을 하다가 집을 떠나 여기로 왔다고 했다(차로 30분 이내 본가가 있었다).

어리지만, 경험이 풍부하고 영리했다. 이야기를 생동감 있게 풀어내며 듣는 이의 귀를 사로잡는 재능이 있었다.

그렇게 1박 예정으로 왔다가 일주일을 연장하더니 어느새 2주를 연장하고 게스트하우스 성수기로 만실이 되니 어느덧 우리 집으로 살림을 옮겨버렸다. 그렇게 시작된 인연은 그 후로 지금까지, 힘들 땐 소주와 순대국밥 한 그릇으로 서로의 짐을 나누고, 삶의 변곡점마다 영감을 주고 응원하는 특별한 '자매'이면서 '선택한 가족'으로 발전했다.

현재 이 친구는 수많은 청년의 롤모델이자 한국의 지속 가능한 미래 산업을 이끄는 한 스타트업의 대표이다. 12년을 지속해 온 인연이라 수많은 에피소드가 있지만, 사회적 지위를 고려해 모두 밝힐 수 없어 아쉽다. 얼마 전 전화통화에서는 언젠가 미국 횡단을 함께 하면서 이야기를 책으로 묶어내자는 계획을 세웠다. 앞으로 우리 모습을 서로가 기대한다. 게스트하우스가 연결해준 고맙고 소중한 인연이 아닐 수 없다.

도시재생과 플랫폼 사업을 패키지로

공간기획의 시작

낡은 건물을 낙찰받아 시작한 게스트하우스가 국내 여행객들은 물론이고 외국 배낭여행객들에게도 입소문을 타자, 나는 게스트하우스를 찾는 손님들에게 특별한 '가이드'를 해주고 싶었다. 부산의 문화를 한껏 체험하고, 이 지역의 특색과 매력을 느낄 수 있도록 구석구석을 누비며 여행상품을 기획했다.

투어 안내를 위해 지역 곳곳을 다니던 차에, 관광지 분위기와는 다소 차이가 있는 구도심에 협소주택으로 불릴 만한 아주 작은 상가주택이 매물로 나온 것을 알게 되었다. 오래된 주택들만 빼곡한 지역으로, 한국 전쟁 후 피난민들이 모여들어 터전을 이루기 시작한 곳이었다. 고령 인구가 가장 많고 젊은이들은 떠나는 곳. 그런 곳에 뜬금없이 카페와 갤러리를 만들고 싶었다.

투자관점에서 보면 최악의 결정이지만, 그때의 나는 뭐든지 생각만 하면 다 이뤄진다고 믿고 있었기 때문에, 작고 예쁜 카페를 열어서 게스트하우스 손님에게 투어 코스로 안내하겠다는 포부로 매입했다. 대중교통 접근이 좋고 부산의 대표 관광지 남포동과도 가까운 위치이긴 하지만, 굳이 일정을 내어서 들러야 할 매력적인 유입요인은 필요해 보였다. 그것도 기획하기 나름이라 자신하며, 저렴한 월세의 장점으로 자금이 부족한 청년들과 젊은 작가들을 불러 모을 수만 있다면 이 작은 가게의 시작으로 이색적인 문화 클러스터가 형성될 것이라 상상했다.

사람들이 외면했던 동네에 다시 발길을 돌려 머무르게 하려면, 이왕이면 작은 가게 하나보다는 작은 가게가 여럿이 모여 있어야 상승효과를 기대할 수 있다. 하지만 이러한 클러스터를 이루기에는 내 자금은 한정되어 있고 대신 뜻이 맞는 사람들과 함께 작업할 수 있다면 가능하리라 생각했다. 그렇게 함께할 만한 사람들을 찾고 때를 기다리던 중, 마침 지역 재생 사업단 모집 소식을 알게 되었다. 매입한 건물의 활용방법에서 시작해 지역 발전에 대한 고민으로 생각이 확장되었고, 그 내용을 기획서로 정리해 제출했다. 내심 기대하고 도전한 바람대로, 지역대표로 당선되는 결과를 가져왔다.

지역자원 활용 아이디어

당시 지역 재생 사업은 어디까지나 마을 주민이 주인이 되어 참여하는 것이 주된 목적이자 의도였기 때문에 그들에게 가장 적합한 사업을 기획하기 위해서는 마을의 정서와 역사에 대한 정보가 더 필요했다. 이동시간을 줄이기 위해 팀을 꾸리고 매입한 건물에서 일주일간 머물면서 자세히 알아보기로 했다.

당시 계절은 칼바람이 매섭게 몰아치던 한겨울이었고 공교롭게 매입한 건물은 보일러가 고장이 났다. 실내에서 텐트를 치고 자도 냉기는 뼛속까지 파고들었다. 빈집에서 먹고 자고 하며 지역 활동가와 마을 어르신들, 청년들을 두루 만나 그들의 목소리를 들었다. 특히 고령화와 빈집문제, 청년층 유출은 이 지역의 두드러진 문제점이었다. 또한, 원도심을 가꾸고 유지하고 싶은 주민과 재개발을 기대하는 주민들로 극명하게 대립하고 있었다.

어느 날 오후, 나는 원도심과 고층아파트를 나누는 큰 도롯가에 서서 양쪽을 번갈아 바라봤다. 위화감과 박탈감이 공존하는 공간에서 생각이 많아졌다. 우리의 임무는 원도심의 문제를 해결하는 데 작은 날갯짓을 일으키는 것이었다. 지역자원을 활용해서 이곳의 역사와 역사 자체인 어르신들의 이야기를 콘텐츠화하는 것, 일하고 싶은 주민에게는 일자리 기회를 제공하고, 곳곳에 비어 있는 집들을 게스트하우스로 바꾸어 주민들이 운영하도록 지원하는 것 등이었다. 그중에서 가장 우선 시행한 것이 여행의 꽃인 먹거리를 해결하는 것이었다. 손맛 좋고 인심 좋은 주민이 제공하는 집밥 콘셉트로 지자체와 주민들의 도움을 받아 사업을 시행했다.

나는 이 지역 재생 사업이 점차 주민 사업으로 확대되어 정착되기를 기대했으나 사업 지원금은 턱없이 부족한 데다, 기관에서 요구하는 대로 수시로 사업내용을 바꾸다 보니 애초에 기획한 의도와 사업 방향과는 많이 차이가 났다. 수익보다는 공공성만 요구하다 보니 정부나 지자체 지원이 없으면 즉시 무너지는 구조가 될 수밖에 없었다. 더군다나 처리해야 하는 서류가 많아 한정된 인력으로 사업에 집중하기가 어려웠다. 그래서 내린 결론은, 수익구조를 먼저 갖춘 후 지역에 재투자하여야만 선순환을 이뤄 지속할 수 있다고 판단해 정부 지원사업을 종료하고 별도로 법인을 설립했다.

퍼스트 무버, 세상을 바꿀 야망

젊고 에너지 충만한 팀원들과 밤낮없이 어떻게 우리의 비전을 펼쳐나갈지 토론했다. 아이디어 회의는 언제나 즐거웠고 10

평 남짓한 사무실은 상상력을 맘껏 펼칠 수 있는 놀이터였다. 첫 번째 아이디어는 빈집을 숙박 시설로 활용하기 위해 이용자와 연결할 수 있는 플랫폼에 대한 것이었다. 지금의 공유숙박 예약플랫폼인 에어비앤비와 같은 모델이었지만, 사업을 하던 2010~2011년 당시에는 에어비앤비의 존재도 알지 못했다. 처음 시도하는 일에다 벤치마킹을 할 대상도 없었지만, 상상력은 저만치 펼쳐져 갔다.

다음은 지원사업으로 시작한 집밥 개념을 확대해서 마을회관이나 부녀회관을 공유주방으로 일부 사용하고, 동네 구석구석을 내 집 보듯 잘 아는 주민이 도시락 배달을 할 수 있도록 지원하는 것이었다. 그리고 마을 곳곳에 비어 있는 마당과 옥상은 도시텃밭으로 가꾸어 공유주방에서 사용할 신선한 식자재로 제철에 맞게 공급한다면 그것 또한 지역 브랜드로 자리매김할 수 있으리라 판단했다.

그다음으로 야심작인 '순이할매 프로젝트'가 있었다. 이 프로젝트는 혼자 끼니를 드시기 적적한 어르신들이나 동네 주민을 여행객과 연결하자는 취지에서 출발했다. 우연히 식사 준비를 여유 있게 한 주민은 그날 당장 여행객을 연결해 식사를 판매하고, 혼자 식사하기 적적한 주민도 끼니를 더 지어서 여행객을 초

대해 밥을 판매할 수 있도록 서비스를 제공하는 것이다.

프로그램은 이렇게 이루어질 것이었다. 지역을 여행하다가 마을 골목 어귀에 스마트폰을 가져다 대면 증강현실로 그날 끼니가 준비된 집밥의 메뉴가 이미지와 함께 제공된다. 예를 들어, 그날 순이네 할머니가 된장찌개를 여유 있게 끓였다면 '순이할매 된장찌개 2인분'이라는 제목과 함께 보글보글 끓는 찌개 이미지와 할머니의 메시지가 동시에 화면에 뜨는 것이다. 마치 포켓몬을 잡으러 다니는 것처럼 그날의 밥상을 잡으러 다니는 식이다. 메뉴는 식혜도 될 수 있고 도토리묵이나 인절미도 될 수 있다. 아무렴 어떤가.

직접 메뉴를 올릴 수 없는 어르신들이 대부분일 것이므로 지역 청년이 관리하는 고객센터에 전화를 걸어 집밥 메뉴를 알려주고, 이후 관리 담당자가 주문 창에 메뉴를 올리는 방식을 활용하면 아날로그와 디지털 방식을 적절히 이용할 수 있을 것이었다. 이 기획이 특히 흥미로웠던 이유는 할머니의 손맛이 그리운 젊은 세대와 한적한 마을에 남은 어르신들이 서로 만나 밥 한 끼를 사이에 두고 따뜻한 정을 나누는 그림이 연상되었기 때문이었다.

마지막으로 숙식이 해결된다면 그다음은 즐길 곳이 필요했다. 그곳으로 외부 사람들이 굳이 찾아갈 이유가 있어야 했다. 재미와 더불어 사회적 고민과 지역이 가진 역사적 가치를 어떻게 다음 세대에게 전달할 수 있을지 고민했다. 자연스럽게 신, 구세대 간 결합할 수 있는 소재를 끌어낸다면 재미와 의미를 동시에 만족할 것으로 생각했다.

이런 생각을 바탕으로 손님들에게 반응이 좋았던 게스트하우스 손 지도 아이디어를 변용해 역사적 사실에 가상의 이야기를 덧대 마을 지도를 만드는 것이 사업 취지에 적합할 듯했다. 마을의 주요지점마다 해결할 미션을 주고 이를 완수하는 방식의 게임을 진행하는 것이다. 가령, 마을의 우물을 찾으면 역사적 미스터리를 풀기 위한 지령이 내려지고, 지정된 카페를 찾아가 한 어르신이 들려주는 이야기에서 그 단서를 찾아내는 방식 같은 것 말이다. 그렇게 지점마다 미션을 완료하면 지역에서 사용할 수 있는 쿠폰이 보상으로 지급되도록 구성도 가능하리라 싶었다.

아이디어보다 버티는 힘이 필요하다

이처럼 도시재생 프로젝트는 아이디어 단계부터 모두 새로운 시도였고, 그 범위도 광대했던 이유로 한가지씩 단계적으로 실행하기에도 인력과 자금이 많이 들 것이란 사실은 분명했다. 팀 내에는 프로그램 개발자가 없어서 외부 업체에 의뢰했는데, 개발자와 UX 디자이너의 언어로 기획하지 못하다 보니 커뮤니케이션부터 원활하지 않았다. 그러다 보니 기획 의도와 다르게 진행되고 프로젝트 기간이 늘어났다. 시간이 갈수록 애초의 그럴듯한 포부와 계획이 부족한 자금 사정과 겹치면서 점점 불안감으로 돌아왔다. 무엇보다 투자자와 경영 파트너가 절실했다.

하지만 창업보육 환경이 지금과는 아주 다른, '벤처기업'으로 모든 창업 회사를 통칭하던 시절이었고 지원이나 자문할 곳을 찾기 어려웠다. 게다가 투자나 창업 대출을 받기 위해서 방문한 공공기관에서도 매출이나 실적을 요구했기 때문에 갓 태어난 신생 회사로는 어디에도 속하지 못해 난감했다. 차선책으로 중소기업을 경영하는 지인을 통해 직접 투자자들을 사방으로 물색하고 지자체와 기업들을 찾아다니며 우리가 어떤 일을 할 것인지 최대한 많이 알리고 다닐 수밖에 없었다.

2011년 초 사업을 기획하던 때는 국내 스마트폰 보급률이 38.4%로(출처 : SA 미국 시장조사) 이제 막 폴더폰에서 스마트폰으로 교체가 일어나던 분위기였다. 어느 호텔에는 CEO 조찬모임으로 '애플리케이션이란 무엇인가?'를 주제로 세미나를 열기도 했는데, 앱을 심지어 초밥에 비유하며 토핑에 따라 달라지는 기능을 설명하던 때였다. 그렇다 보니 공유숙박이니, 공유주방이니, VR이니 하는 아이디어들이 투자자들의 공감을 얻기에는 시기상조인 측면이 있었다. 마치 대본집이라도 있는 것처럼, 사업 내용을 들은 담당자들은 남의 집을 누가 내어줄 것인가, 범죄와 사고 발생 시 누가 책임인가, 기존상인과 마찰 시 민원처리에 대해 대안과 해결책은 무엇인가를 집중적으로 요구했다. 그리고 그중에서도 가장 많이 들은 얘기는 'SF 소설 쓰나?'였는데, 세상 물정 모르는 애송이들이라며 안타까워했다.

누군가 한 사람은 이해하겠지 하는 심정으로 계속 두드리고 다니던 중, 뜻밖에 굴지의 대기업에서 프레젠테이션할 기회를 제공한다는 소식이 전해졌다. 팀의 사기는 치솟았고 든든한 지원군의 힘을 입어 거침없이 아이디어를 실현할 수 있을 거라는 생각에 들떴다. 그러나 축제 분위기가 얼마 지나지 않아, 프레젠테이션 날짜를 2주 앞둔 채 청천벽력같은 소식이 전해졌다. 그중 우리 프로젝트의 아이디어를 복사한 것 같은 사업이, 타 업체를 통해 세상에 먼저 나온 것을 신문 지면을 통해 알게 된 것이다. 투자를 받기 위해 이곳저곳을 다니며 공개한 내용이 흘러 들어간 것인지, 그 이유가 무엇이든 팀원은 흔들렸고 비전을 뚜렷이 제시하지 못한 리더의 부족함으로 급기야 뿔뿔이 흩어지기 시작했다.

만 2년간 버티던 자금은 슬슬 바닥을 보이고, 그동안 실행 압박에 피로감은 극에 달했던 탓에 팀원들을 설득할 힘을 잃어버린 채 스스로 정리 순서를 밟았다. 모든 개발을 중단하고 혼자 돌아오던 날, 패배감의 씁쓸함을 극적으로 연출해줄 La Ventana의 'Tu Carta'를 배경음악으로 틀어둔 채, 불이 꺼진 텅 빈 사무실 한구석에 웅크리고 앉았다. 능력 밖의 일을 제멋대로 벌였다는 자책을 수도 없이 했다. 나는 무엇을 위해서 그토록 아등바등 살았던가. 패기로 덤볐다가 그동안 쌓아놨던 것들을 너무도 빨리 잃었다. 퍼스트 무버(First Mover : 산업의 변화를 주도하고 새로운 분야를 개척하는 선도 그룹)보다 패스트 팔로워(Fast Follower : 다른 기업이 새로운 분야를 개척해 놓으면 이를 벤치마킹해 더 개선된 제품을 내놓는 전략)를 선택했더라면 나았을까? 이미 소용없는 후회와 허무함이 괴로움으로 범벅이 되었다.

시장을 개척하기 위해서는 고객 반응이 올 때까지 버틸 수 있는 자금력, 인적자원, 경영지원 등 많은 것이 필요하다. 더군다나 선례가 없기 때문의 낯선 개념이 받아들일 만한 정도로 인식을 뿌리내리는 데까지 기존 시장보다 훨씬 더 오랜 시간이 요구된다. 그 시간을 버티지 못하고 넘어졌을 때 물리적으로나 정신적으로 회복하는 시간도 길어진다. 실패하면 함께해온 이들에게 약속이 지켜지지 못했다는 자책과 부담이 발목을 잡는 것도 덤이다. 퍼스트 무버가 되려고 마음을 먹었으면 생존 전략을 먼저 갖추어야 했다는 아쉬움이 남는다. 에어비앤비가 선거 캠페인에 맞춰 대통령 후보가 디자인된 시리얼을 팔아 초기 자금을 확보했던 것처럼, 기어이 살아남아서 버티는 방법부터 마련했어야 했다. 사업을 하려거든 "3년만 버텨내도 성공이다"라는 말의 무게를 하루하루 살얼음판을 건너기 전에는 결코 알지 못했다.

사업의 핵심 요소는 아이디어가 아니었다. 실행력도 전부가 아니었다. 투자자 관점에서는 '돈을 벌어다 줄 수 있는지'가 핵심 요소이고, 창업자에게 가장 필요한 태도는 밟아도 버티고 뽑아도 다시 자라는 잡초정신인 것이다. 그중에서도 어떻게든 필사적으로 타고 기어오르는 덩굴 잡초 정도는 되어야 퍼스트 무버 반열에 오를 수 있지 않을까 싶다.

그렇게 내 청춘의 굵직한 한 줄을 차지했던 프로젝트는 끝내 끈질기게 기어 올라가지 못하고 아직도 가상의 공간 어딘가에 둥둥 떠다니고 있다.

영국 유학, 3무에 빠진 날, 그리고 다시 투비컨티뉴로…

인생의 쉼표를 찾아서

대학부터 각종 아르바이트와 공부방, 게스트하우스 그리고 플랫폼 사업까지 하니 15년이란 시간이 훌쩍 지났다. 그동안 말만 하고 생각만 해도 마치 우주의 기운(?)으로 모든 것이 마법처럼 이루어진다는 믿음에 사로잡혀 자신감과 자만을 구분하지 못하는 나의 무지를 보았고, 내 그릇의 크기에 넘치는 리스크를 관리하지 못하는 무능력을 경험했다. 인생 역전의 기회라 여겨져 맹목적으로 추진해왔던 것에 대해 패배를 인정하고, 모든 사업을 정리하기로 했다. 일이 잘될 때는 잃을 수도 있다는 걸 미처 알지 못했다. 보이지 않는 결승점으로 질주하는 경주마 같은 내 인생에 쉼표를 주기로 했다.

공부에서 답을 찾다

지금까지 일단 부딪혀서 경험해보는 것이 살면서 늘 선택한 방식이었다. 하지만 조금 더 생각해보면, 시행착오를 줄일 방법도 분명 학습할 수 있었을 거라는 생각도 든다. 어쨌든, 모든 답은 내 안에 있기 때문에 내가 스스로 찾아야 했다. 따라서 그동안 내가 간과하고 놓쳤던 것을 파악하기 위해, 도시재생 사업을 하는 동안 부족하다고 느꼈던 공부를 더 해야겠다는 결론에 이르렀다. 국내외 대학의 커리큘럼을 살펴보며 고민했다. 결국, 도시의 성장 속도는 느리지만, 도시에 대한 이해가 깊은 유럽에서 탐구할 기회를 얻는 것이 좋을 것 같았다. 한때는 유학이란 지적 허영심을 채우기 위한 외화 낭비라고 생각하며 과거의 좁은 사고에 빠져있었던 내가, 가지고 있던 것을 다 정리하고 영국으로 유학 준비를 하는 모습이라니, 인생 모를 일이었다.

한편으론, 가진 것도 모두 다 써버렸는데 고학력 백수가 되면 어쩌나 두려움도 있었다. 여차하면 영국에 정착할 생각도 있었지만 이미 30대 중반이었기 때문에 현지에서 취업이 어렵거나 비자 문제 등 상황이 여의치 않으면 한국으로 돌아올 수도 있다고 생각했다. 그래서 어떤 상황에서든지 돌아갈 수 있는 선택지를 확보하기 위해 국제영어교사 자격증(TESOL)을 취득하고, 본격적인 도시계획 학습을 위해 유학길에 올랐다.

이 정도는 알고 가야 할 영국 석사 꿀팁

여기서 잠깐, 유학 준비과정으로 학과 생활에 도움이 될 만한 몇 가지 정보를 공유한다. 준비절차나 어학 점수 취득과 관련한 내용은 검색하면 쉽게 접할 수 있으므로, 실질적으로 학과 수업에 대비하고 경비를 절감할 방법을 안내한다.

영국 석사는 1년 과정인데 2~3년간 진행하는 과정을 압축해서 과제도 많고 수업 밀도도 아주 높다. 매주 읽어야 할 논문과 도서목록도 상당하다. 학기 시작과 동시에 빡빡한 일정을 소화하면서 논문을 준비하는 것으로 악명이 높다 보니 유학 준비생들 중에는 글쓰기 스트레스와 공포를 미리 느끼는 경우도 있다. 이 때문에 영어시험 점수가 학교에서 요구하는 조건에 충족이 되더라도, 사전에 어학연수를 겸하거나 예비석사과정을 등록해 논문 쓰는 방법을 미리 학습하기도 한다.

이렇게 어학연수나 예비과정 등록비와 생활비까지 고려하면 추가 예산이 꽤 필요하다. 비록 이런 과정을 수강하지 않더라도 고민을 해결할 수 있는 간단한 팁이 있다. 먼저 최종합격을 받은 경우라면 학교 홈페이지에 공개된 학과 교수 메일주소로 연락해 읽기 목록을 사전에 요청할 수 있다. 담당 교수는 PDF 자료와 참고 논문 링크나 스캔한 자료 등으로 기꺼이 공유해줄 것이다. 목록에 제시된 자료의 서론과 결론만이라도 미리 읽어보고 수업에 참석하면, 수업의 이해도 달라지고 학기 중 시간 관리 압박도 훨씬 줄어든다. 그리고 대학교마다 유학생을 지원해주는 어학 프로그램들이 마련되어있는데, 대체로 재학생에게 논문 쓰기나 프레젠테이션 및 스피킹 수업 등을 무상으로 지원한다. 학기 중이나 방학 동안 이용할 수 있어서 추가로 발생하는 어학원 비용이나 숙식비를 대폭 절감할 수 있다. 시간 여유가 된다면 중국어, 일본어, 프랑스어 등 제2외국어도 무료로 학습할 수 있다. 관련 내용은 지원대학 홈페이지를 꼼꼼히 살펴보거나 오리엔테이션 기간에 문의하면 안내받을 수 있다.

별안간 '3무(三無)'에 빠진 날

영국 생활은 종종 신선한 문화충격도 있었지만 큰 어려움 없이 무난하게 적응하고 있었다. 그런데 '어느 날 갑자기'라고밖에는 표현할 수 없는, 세 가지 없음 상태가 내 앞에 떨어졌다. 그 세 가지 무(無)로 인해 나는 한순간에 내려앉았다. 3무(三無)란 바로 '잠 없음', '식욕 없음', '의욕 없음'.

축축하고 우중충한 영국의 날씨 탓을 해보려 해도 원래 비 오는 날씨를 싫어하지 않는 데다, 특별히 향수병에 젖은 것도 아니었다. 기숙사에서 한식을 직접 해서 나눠 먹기도 했고 다국적 친구들과 사이도 좋았다. 그러니 어느 날 갑자기 3무 상태가 된 이유를 알 수 없었다. 나 자신이 이러한 상태에 놓여있는 것이 혐오스러웠다. 담당 교수의 권유에 따라서 학교에 있는 심리치료센터에서 주 2회 상담을 받았고 의사의 소견은 '심각, 휴학 권고'였다. 이는 내게 강제 휴학을 말하고 있었다. 내 의사와는 상관없이 아프면 치료를 받아야 한다는 그들의 사고방식이었다.

한국으로 돌아와서 완치 소견서를 받아 다시 복학하기까지는 2년 6개월이 걸렸다. 다행히 복학도 했고, 영국 생활에 다시 적응했으며, 무사히 졸업까지 할 수 있었다. 영국의 치료센터에서 상담을 받는 동안에는 흘려듣기만 했던 말이 회복하는 기간에 묘한 힘을 발휘했다. "그건 네 잘못이 아니야(It's not your fault)", "넌 실패하지 않았어(You are not a failure)"라는 말을 이제는 필요한 사람에게 전해줄 수 있을 만큼 내면이 단단해져 있기를 스스로 기대한다.

함덕 메리굿이 준 '베리굿' 컨티뉴

고백하건대, 지난 시절 해왔던 일들의 기억을 소환해 매 장을 기록하다가 '마의 구간'인 이 장에서 아무것도 쓰지 못하는 날이 최소 2주 넘게 이어졌다. 사업 정리부터 영국에서 갑자기 찾아온 우울증과 그 이후의 날들에 관한 것을 굳이 떠올려 정리하자니 좋던 입맛도 달아났다.

쓰고 지우고를 반복하다가 마침내 어디까지 공개할지 고민하던 중, 결국 그대로 내버려 둔 채 노트북 화면의 깜빡거리는 커서만 바라보며 번민하고 앓았다. 어두운 이야기를 굳이 끄집어

내려 하자 머릿속은 소란했고 마음은 바빴다. 아무것도 하지 않는데도 쉬었으면 좋겠다는 말이 절로 나왔다.

그때 마침, 감사하게도 제주 '함덕 메리곳'에서 주최하는 2박 3일 워크숍에 참석할 기회가 생겼다. 각자만의 삶의 방식을 찾고 있는 배우, 명상전문가, 연출가, 웰니스 플랫폼 기획자를 포함한 총 11명의 창작자와 '집'을 주제로 지역 기반의 창작활동과 경험을 맛보면서 제주만의 시간과 속도를 느끼다 보니, 영국에서 도시를 공부할 때, 예컨대 가로수 하나에도 보호받을 권리가 도시계획법에 명시되어 있다는 것에 놀라고 감탄했던 순간과 인간은 어우러져 살며 연대하고 위로받고 공감하는 곳이 집이기를 바라고, 그 집들이 모여 영감을 주고받을 수 있는 도시의 생태계를 꿈꾼다는 것이 다시금 떠올랐다. 버둥대고 애쓰며 알리려 하지 않아도 은근하게 스며드는 매력을 가진 유럽과 제주에서 한 템포 쉬어가는 건 그리 큰일도 아니었다. 삶에서 쉼표는 쉬어가는 것뿐만 아니라 계속되는 것(to be continued)이기도 하다.

다시 찾아낸 기회
: 부활의 시작

꿈과 장거리 연애 중

20대에 나는 비전과 목표와 계획을 스스로 마법 노트라고 부르는 다이어리에 적고 현실에서 이루는 모습을 매일 상상했다. 시기의 차이는 있었으나 마음먹고 계획한 대로 언제나 실현되었고 그 힘을 절대적으로 신뢰했다. 말만 하면 이루어지는 것처럼 느껴지는 운이 마치 마법 같았고, 희망 가득한 노트에는 미래의 행운을 가져다줄 언어들로 빼곡하게 기록되어 있었다.

그러다가 어느 순간에는 그렇게 얻은 결과를 당연하게 여겼고, 바쁘다는 핑계로 기록하는 일도 잊어버렸다. 사업을 모두 정리한 후에는 여러 차례 이사하면서 그동안 아카이빙 해두었던 사업 아이디어 자료들도 모조리 분실했다. 그리고 어느새 기록의 힘을 망각한 채 지냈다. 어쩌면 잊었다기보다 거부해왔다고 하는 게 맞을지 모른다. 기록을 통해 성공한 사람들을 보면, 현재의 나와 비교하면서 작아지는 느낌이 들었다. 그래서인지 예전의 기억을 애써 지우려고 했다.

돌이켜보면, 한 해의 계획뿐 아니라 10년 단위의 계획도 세웠던 기억이 난다. 그러나 20대와 30대에 바라보았던 40대의 내 모습은 실제 현실과는 거리가 멀었다. 오히려 그 당시 내가 지양했던 모습들이 더 두드러졌다. 다른 사람의 성공을 부러워하며 안전한 길만 가려 했고, 아무것도 시도하지 않으려 하면서 자신을 제한해왔다. 실패할 것 같아 시도조차 하지 않았던 것도 있었다. 대성공을 이룰 거라고 기대했던 그 나이에, 오히려 보잘것없는 삶의 한계를 경험하고 있었다.

대학원을 졸업한 후, 여러 가지 사업 및 동업 제안이 있었지만, 자신감이 부족했다. 그중에서도 장기적인 공백에 대한 두려움이 가장 컸다. 그동안 세상이 너무 빠르게 변했고, 예전의 열정과 패기를 어디서 꺼내야 할지 갈피를 못 잡고 고민하던 끝에, 결국 부동산 회사에 취직하게 되었다. 열심히 하면 할수록 성과는 있었지만, 장거리 출퇴근길, 원치 않은 회식, 경직된 조직 문화는 내가 오랫동안 유지할 수 있는 회사 생활이 아니었다. 하지만 다른 대안이 없다는 이유로 참았다. 그러나 마음 한편에는 예전의 용기와 열정으로 가득했던 내 모습이 그리웠다.

그러다가 2년이 지난 후에 나는 회사를 그만두고 나왔다. 코로나가 이유였지만, 혼자 있으면서 내가 좋아하는 것과 내 힘으로 할 수 있는 작은 일들에 대해 돌아보게 되었다. 큰 파도를 맞아본 적이 있으니 적어도 피하는 방법은 알게 되었다는 사실에 위안을 받았다.

그래서 다시 시작하기로 했다. 거실을 가득 채우고 있던 책장에서 책들을 꺼내어 읽으면서 어수선한 정신부터 가다듬었다. 그리고 기억 속에 묻어둔 마법 노트를 떠올리며, 내가 이루고 싶은 목표와 하고 싶은 일들을 적어나갔다.

쉬는 동안 둔해진 감각을 다시 단련하기 위해서, 유튜브나 온라인 강의에서 무자본으로 부업이나 사업을 성공한 사람들의 예를 보면서 관심을 가졌다. 나는 다양한 배경을 가진 사람들이 다양한 형태의 사업을 성공적으로 이룬 것을 보면서, 평범한 사람에게도 기회가 많다는 것을 다시금 깨달았다. 그리고 직장을 다니면서 부업이나 취미로 전자책 판매나 스마트 스토어 운영, 유튜브 활동 등을 하다가 수입이 본연의 일을 뛰어넘으면, 본격적으로 그 분야로 나아가는 추세가 이미 몇 년 전부터 나타나고 있다는 것에도 주목했다. 그동안 간과하고 있었지만, 이번에는 내게 적용 가능한 사항이 있는지 살펴보고 싶었다.

일단, 스마트 스토어부터 도전해보기로 했다. 지인 소개로 골프 스윙 연습기를 첫 번째 아이템으로 소개받았다. 제품 자체는 이미 골프 투어 선수들을 통해 검증되어 성능과 효과가 입증되었고, 디자인 또한 탁월했다. 하지만 이 제품이 일반 골퍼들에게도 필요하다는 인식은 저조하고, 대체로 훈련 도구는 저렴하다는 인식이 있어서 국내 타제품과 비교했을 때 가격이 높아 가격 장벽이 발생했다. 본사는 대중적으로 알릴 수 있는 채널을 여러 가지 방법으로 모색하고 있었고, 레드오션이라는 온라인 마켓에서 생존 전략을 고민하고 있었다.

고비와 고비를 넘어

우선, 이 제품이 왜 필요한지 알리는 것과 사용 후 필드에서 보일 기대효과를 전달하는 것이 주요 메시지라고 판단하고, 가격 허들을 뛰어넘을 만한 매력과 사후 효과에 대해 정리를 했다. 상세페이지를 직접 만들고 마케팅 기법을 온라인 강의로 익히면서 차근차근 준비했다. 일반 고객보다 B2B로 먼저 반응이 왔고, 몇 차례 판매를 해보던 와중에 또 한 번의 날벼락을 맞았다. '이번 고비를 넘기면 다음 고비가 온다'더니 간밤에 본사 아래층 공장에 폐배터리 폭발로 인한 대형 화재가 발생했다. 다음 날 그 소식을 듣자마자 부리나케 현장에 가보니 이미 본사 공장마저 완전히 전소돼버리고 판매를 대비해 입고한 제품뿐만 아니라 공장을 지키던 강아지마저 하룻밤 사이에 모조리 타버린 것이다.

잿더미에 쌓여 윤곽만 가까스로 남은 제품들을 보면서 마음이 복잡해졌다. 하지만 다행히 이런 위기에서도 본사 대표는 침착하게 대응했고, 오히려 나를 안심시키기 위해 노력했다. 덕분에 복구까지 다소 시간이 걸리더라도 상황이 수습될 때까지는 믿고 기다리는 편을 택할 수 있었다.

대다수의 강의에서 말하는 '스마트 스토어로 인생 역전'에는 다가서지 못했다. 배우는 단계에서 놓치고 있던 것들을 찾아내고 준비해놓는 등 대비책을 마련하며, 현장이 복구되는 대로 다시 도전할 계획이다. 이를 위해 다양한 마케팅 기법들을 차곡차곡 학습하고 있어서 앞으로 다양한 분야에서 활용할 수 있을 것 같다는 기대도 생겨났다.

그리고 본업에 대해 고민을 하고 있는데, 반드시 하나의 직업만 가질 필요는 없다고 생각한다. 다만 내가 잘할 수 있는 것과 지금까지의 경험을 바탕으로 여러 분야에서 더 많은 사람과 소통하고 공감을 나눌 방법에 우선 집중할 생각이다. 10년 넘게 아이들을 가르치고 진로 상담 및 학부모 상담, 부동산 투자, 여행 상품 기획 및 게스트하우스 운영, 로컬 자원을 활용한 플랫폼 기획, 유학 및 직장 생활에서 조직을 이끌었던 경험 등을 바탕으로, 경력단절을 겪은 여성이나 진로를 결정하지 못한 대학생, 그리고 좌절을 겪은 사람에게 조언과 공감을 나눌 수 있을 것이다. 이렇게 다시 계획을 세우고 보니, 과거의 열정이 다시 살아나고

하고 싶은 일들이 늘어나는 것이 느껴졌다.

포기가 없다면 끝도 없다

20대에 때 꿈꾸었던 모습과 지금 현실은 차이가 크게 날 수 있다. 심지어 30대에 꿈을 포기하고 일상에 휩쓸려 가기도 한다. 그러나 그 차이가 크다 해서 포기하는 것은 옳지 않다는 것을 40대가 되어서야 다시 알게 되었다. 힘들고 어려운 일을 겪고 있더라도, 처음부터 다시 시작하는 마음으로 꾸준히 임하다 보면, 어느 순간에는 변화가 일어날지 모른다.

성공 여부는 아무도 보장할 수 없다. 그러나 가장 중요한 것은 첫걸음을 내딛는 것이다. 첫걸음을 떼지 않으면 그 이후의 걸음도 내디딜 수 없고, 결국 그 길에 도달하지 못한다. 그러니 일단 한 번 시도해보는 것이 중요하다. 한번 해보는 것이 바로 시작이다.

5장

잡메이커의 잡메이킹 사례

CASE.1 : 아르바이트 말고 사업에 도전하다

열망이 식지 않은 무명가수의 도전과 고민

34세의 박진아는 무명가수이다. 프로젝트 음악 모임에서 알게 된 동생으로, 그녀가 겪는 어려움에 대해 대화를 나눌 기회가 있었다. 그녀는 아이돌 연습생 시절 인간관계의 심한 갈등과 소속사와의 분쟁 등으로 힘든 시기를 겪은 이후로 사회에 불신이 쌓이고 자신의 감정을 감추기 시작했다. 낯선 사람을 만나서 자신을 알리는 것에 두려움을 가지게 되었다.

박진아는 가수의 열망은 여전히 품고 있지만, 현실적인 장벽은 한둘이 아니다. 아이돌 대열에 합류하기엔 이미 한참 지나버린 나이와 오랜 무명에 딸려온 낮은 인지도, 호불호가 강한 낮은 허스키 음색이 그녀를 주눅 들게 했다.

음악을 즐기는 대중들은 분명한 음색 선호도가 있다. 또한, 대중음악 시장은 트렌드를 주도하는 주요 인물들이 독점하는 시장이다. 따라서 트렌드를 주도하고자 한다면, 대세를 따르거나 자신만의 개성을 성공적으로 표현하는 방법 중 하나를 선택해야 한다. 하지만 이러한 상황에서 딜레마가 발생한다. 인지도가 낮은 이들은 자신만의 개성을 표현하면 유행과 맞지 않는다는 이유로 비난을 받을 확률이 높아진다. 이와 같은 상황에서 개성을 추구한 그녀는 비난의 대상이 되었고 마음이 위축되었다.

그런데도 가수에 대한 열망은 식지 않아서 틈틈이 자작곡도 발표하고 〈히든싱어〉 '이소라' 편에도 출연하는 등 활발히 대중과의 접촉을 이어갔다. 그녀의 유튜브에는 유명가수의 커버 곡이나 손수 제작한 자체 뮤직비디오도 여러 편 올라와 있다. 각 영상에는 팬들의 응원 댓글도 꽤 보였지만, 이것만으로는 가수로서의 활동을 이어나가기에는 부족했다. 더욱이 생계유지가 어려웠다. 유튜브 시스템에서는 타인에게 저작권이 있는 영상은 조회 수가 많아도 수익을 원작자에게 주기 때문에, 영상에서 얻는 수익은 제로에 가까웠다.

그녀는 주저앉고 포기하고 싶을 때마다 해보고 싶은 건 끝까지 해보라는 어머니의 응원에 지금까지 버텨왔다고 한다. 그러나 노래와 상관없는 여러 가지 아르바이트로 생활을 하고 있고, 가수 활동을 위한 소속사나 방송계 네트워크가 없으므로 섭외나 출연이 힘든 것도 고민이었다.

그녀가 가진 문제를 정리하면 이렇다.

첫 번째는 가수 활동과 상관없는 아르바이트를 여러 가지 하고 있고 경제적 고민이 크다.

두 번째, 사람들과 사석에서 대면하는 것을 어려워한다.

세 번째, 대중이 원하는 목소리가 아니라는 생각에 심리적으로 위축되어있다.

네 번째, 네트워크 부족으로 일의 시작 및 확장이 어렵다. 따라서 무대에서 설 기회가 앞으로 더 없을 것 같아 불안하다.

진아에게 필요한 것은 무엇일까?

결핍을 통해 문제를 파악했으니 다음으론 그녀가 가진 장점을 살펴보았다. 내가 본 박진아는 재능이 아주 많았다. 자작곡 능력과 오디오 믹싱, 영상, 편집, 섬네일 디자인과 안무 및 메이크업 실력까지 모두 제 손으로 해내는 재주가 있다. 사람들과 소통하는 것을 낯설어하지만 일에 관한 이야기라면 의욕과 에너지를 내보였다.

지름길은 아니지만 우회해서 꿈으로 가는 방법이 있을 것 같았다. 그녀는 목소리가 이슈라고 했지만 내 생각은 달랐다. 만약 발성이나 호흡 문제로 인해 거슬리는 음색이라면, 음악 전공자로서 충분한 훈련을 통해 개선할 수 있다. 완전히 바꾸기란 어렵겠지만, 적어도 변화는 줄 수 있을 것이다. 기술적인 문제가 아니라면, 누군가는 중저음에 허스키한 목소리를 중성적이고 매력적이라고 생각할 수 있다. 그 반대로, 맑고 여성스러운 목소리를 누군가는 지루하고 개성이 없다고 생각할 수도 있을 것이다. 따라서 목소리를 바꿀 수 없다면, 자신의 관점을 바꾸면 된다. 개인의 취향이 다르고 이 목소리를 좋아하는 사람도 분명히 존재할 것이라고 믿는 것이다. 모두가 대세를 따를 필요는 없다. 수요는 다양하며 틈새는 언제나 존재한다.

나는 그녀가 바라는 바와 그녀가 처한 현실, 그리고 그녀가 지닌 장점을 종합해서 이런 결론을 내리고 그녀에게 다음과 같이 제안했다.

마이크로 엔터테인먼트의 탄생

나는 그녀에게 일반인들에게 영상을 제작해주는 일을 사업화해보라고 제안했다. 그녀가 가진 능력과 자원이면 충분하리라 판단했다. 그렇게 회사명 '마이크로 엔터테인먼트'의 사업제안서가 탄생했다. 나는 그녀가 가진 자원으로 이 사업을 어떻게 실행할 수 있는지, 결점은 어떻게 커버하고 장점은 어떻게 강화할지를 여러모로 궁리했다. 그러고는 결국 어떻게 그녀의 꿈으로 다가갈 수 있는지 프로세스를 정리했다.

내가 정리한 프로세스는 다음과 같았다.

첫째, 누가 대상인가?

노래를 취미로 하는 일반인이나 그룹 중에는 자신의 영상을 SNS 채널에 올리고 싶어 하는 욕구가 있는 이들이 많다. 요즘은 혼자서 영상을 찍고 올리고 하는 사람들이 점점 많아진다고 하지만, 여전히 시간도 없고 방법도 제대로 몰라서 하지 못하는 사람도 분명 있다. 막상 시작하려면 어떤 마이크와 오디오 인터페이스를 구매할 것인가 하는 고민부터 카메라 각도며 오디오 음질 관리며 믹싱과 섬네일 제작 등 수고로움을 생각만 해도 시작할 엄두가 안 난다. 익숙한 사람에게는 단숨에 해결하는 일이라도 처음 시작하거나 따로 제작할 시간이 없는 사람은 마음만 있고 선뜻 시작하기 망설여지거나, 출발은 어찌했더라도 지속하기 어려운 경우가 많다. 나는 이런 사람을 대상으로 선정하자고 했다.

둘째, 어떤 서비스를 제공할 것인가?

상품서비스는 베이식과 패키지로 나뉜다. 베이식은 촬영과 편집, 오디오 보정과 섬네일 제작이 포함되고 프리미엄 패키지는 기본 서비스 외에 콘셉트 제안부터 기획, 메이크업, 추가 요청이 있을 때 안무와 의상 팁, 코러스까지 포함된다.

셋째, 어떻게 홍보할 것인가?

처음부터 광고비를 쓸 수는 없다. 손으로 뛰는 적극적인 영업이 필요하다. 제공할 서비스를 글로 정리하고 매뉴얼화해서 인스타그램에 '일반인 노래' 영상 혹은 직장인 밴드 보컬들이 올린 본인들 합주 영상에 직접 메시지를 보내거나 노래방 앱인 스뮬(Smule)에서 활동지수가 높은 사용자에게 댓글로 제안을 할 수 있다. 약간의 광고비를 지급하고 알리는 방법으로는 뮤지션 커뮤니티인 뮬(Mule)이나 프리랜서 아웃소싱 플랫폼인 크몽, 숨고 등에 본인의 서비스 내용을 매력적으로 어필한다. 주요 타깃을 최대한 다양한 곳에서 찾아서 알리는 것이 우선이다. 한 번에 뜨거운 반응이 있으면 좋겠지만 그렇지 않을 것이다. 처음에는 백여 군데 보내면 한 군데나 연락이 올지 모른다. 꾸준하게 어필하되, 반응을 좀 더 끌어낼 방법을 계속 고민하고 내용을 업데이트해나가야 한다.

넷째, 어떻게 확장할 것인가?

처음에는 아르바이트와 병행할 수밖에 없다. 점차 고객의 반응이 생기고 제작 수입이 아르바이트 수입을 웃돌면 본업으로 전환하면 된다. 영상 촬영분 중에 재밌는 부분들은 추려서 2차 가공 후 본인의 채널에 올릴 수 있다. 예를 들어, 의뢰인이 초고음의 소유자라고 한다면 킬링 포인트가 있을 것이다. 주요 부분을 쇼츠 영상으로 편집해서 올린다거나 재밌게 가공해서 제작 수입과 더불어 자신의 채널을 확대하는 콘텐츠로 활용할 수 있다.

도전하는 일은 그 자체로 아름답다

이러한 사업제안이 당장 그녀가 하고 싶은 무대 위의 꿈을 실현하는 방법은 아니다. 그러나 자발적으로 활동을 하고 있다는 점과 이러한 능력이 있다는 점을 보여줄 필요가 있었다. 단순히 커버 곡을 선보여주기로 그치는 것이 아니라 본인이 가진 제작 능력을 통해 근본적인 경제적 문제를 해결해야 한다고 나는 확신했다. 지금처럼 아르바이트를 전전하다가는 꿈에는 더욱 멀어질지 모른다.

따라서 타인의 영상촬영을 도와주고 코러스로 참여하다가, 의뢰인에 따라서 협업을 진행하거나 본인의 자작곡 능력을 발휘해서 중소업체들의 CM 송 제작이나 더빙 등으로 부가수입 창출 및 가수 활동에 초석을 다져나갈 수 있다. 그렇게 인지도가 쌓이고 능력을 인정받기 시작하면 여러 외부 채널들과 협업을 하거나 시장을 넓혀나가는 기회를 발견하게 될 것이다.

내가 가지지 못한 것에 아쉬워하기보다 잘할 수 있고 가진 것에 집중하고 발전시켜나가는 편이 스스로 꿈을 개척하고 더 가까이 다가갈 방법이라 생각한다.

현재 박진아는 마이크로 엔터테인먼트의 제안을 받아들여 영상제작 사업에 발을 들였다. 영상이 필요한 사람들의 제작을 돕고 상업적인 영상 콘텐츠 제작을 통해서 수입을 확보하고 있다.

또, 그녀가 꾸준히 작업해온 영상을 보고 중국의 유튜브 플랫폼 형식인 빌리빌리의 한 크리에이터가 협업 제안을 하게 되었고, 그 결과 중국 채널에서 콘텐츠 제작을 통해 수익을 창출하고 있다. 꿈을 위해 포기하지 않고 도전하는 박진아에게 마음 깊은 곳에서 응원의 박수를 힘껏 보내고 싶다.

CASE.2 : 45세에도 진로를 고민할 줄 몰랐다

산 입에 거미줄 치랴 하는 심정으로 박차고 나왔지만

B는 남들이 보기에 멀쩡한 정규직을 박차고 뛰쳐나왔다. B는 퇴사할 때만 해도 뒷일을 생각하지 못할 만큼 직장 내 스트레스가 극에 달해 있었다. 사표를 내는 순간에도 설마 산 입에 거미줄 치겠나 하는 믿음이 있었고, 재취업을 하거나 뭐라도 할 거라는 의지가 있었다. 순간의 억울함과 부당한 처우에 대한 분노의 표시로 퇴사를 결정했지만, 막상 나오고 보니 불안하기 짝이 없었다. 일에 치여서 그동안 못 간 여행도 가보고 안식년이라 생각한 여유도 잠시, 취업 가뭄에 재취업길이 말라붙어 B의 속은 바짝 타들어 갔다.

B에게 주어진 옵션은 많지 않았다. 대학교 산학협력단에 계

약직으로 취업했다. 대학 연구비 및 창업기업 관리와 운영 업무 등을 맡아 처리하는 일이었다. B는 1년쯤 지나자 겨우 적응이 되었다. B는 과거에는 누군가 자신의 장점을 물어보면 "책임감이 강하고 일 처리가 빠르며 팀원들과 잘 어울리는 게 장점이다"라고 자신 있게 말했을 테지만, 지금은 그때와 전혀 달라졌다고 한다. 지금 B가 내세울 만한 자신의 장점이란 실제로는 전혀 그렇지 않은 자신을 너무 잘 알고 인정하는 '솔직함뿐'이라고 B는 말한다. 자신의 몇 안 되는 장점조차 쪼그라들었다고 느낄 정도로 업무 적응력과 직업 만족도가 비례하지 않으며, 자신감도 점차 떨어지고 있었다.

사회가 규정한 40대 중반이 으레 가져야 할 자신의 가정과 일정 수준의 자산, 커리어 패스(career path : 경력 경로, 직업 경로)와 그에 마땅한 사회적 위치에 적합하지 않은 조건에서 오는 위축감으로 업무 스트레스와는 다른 형태의 불안과 압박이 스멀스멀 올라오고 있었다.

무색무취한 삶에서 다시 한번 진로에 대해 고민을 하다

어떤 인생을 꿈꾸는지, 어떤 직업을 바라는지 질문했을 때 B는 무색, 무취의 태도를 보였다. 원하는 것도 바라는 것도 없고 단지 계약직일지언정 부디 잘리지 않고 다니길 바란다면서 미래에 대한 기대 없이 조용하고 무탈하게 살기만을 원한다고 했다.

그러나 현실은 계약 연장이 안 될 땐 다시 취업문제가 최대의 고민거리라며, 10대에는 대학에 가면 진로 고민이 끝인가 했더니 40대가 되어도 적성과 진로를 또 고민하게 될 줄은 몰랐다고 했다.

하고 싶은 것도 없고 스스로 잘하는 게 없다고 생각하는 B에게 나는 어떤 도움을 줘야 할지 참 고민스러웠다. 그렇다면 질문을 바꿔서, 만약 원하는 것을 무엇이든 마음껏 가질 수 있을 만큼 경제적으로 충족된다면 남은 시간을 무엇을 하면서 보내고 싶은지 물었다. 그랬더니 B는 잠시 뜸을 들이더니 이렇게 답했다.

"조용히 봉사하면서 살고 싶다."

너무 의외의 대답이라 그 생각의 근원이 궁금했다. 두루뭉술한 몇 가지 정보로 짐작하기보다 그녀의 이야기를 좀 더 들어보고 싶었다.

안전하고 조용하게 살고 싶은 진짜 이유

B의 부모님은 B가 아주 어렸을 때 이혼했다. 그리고 B가 가진 어머니에 대한 정보는 거의 없다. B에게 어머니는 일반명사일 뿐 고유명사로서 어머니는 존재하지 않는다고 한다. 유년기와 청소년기는 누가 뭐라지 않아도 친인척들 사이에서 괜한 눈치를 봤고 자신이 가진 결핍은 아무리 노력해도 채워질 수 없다

는 것을 일찌감치 알아버렸다.

친할머니는 당신의 아픈 손가락인 아들이 가장으로서 해야 할 역할을 손녀가 대신해주길 기대했고, B는 자신이 아버지를 보살피기 위해 태어난 것인지, 무엇을 위해 사는지 의미도 모르고 사는 김에 사는 기분이었다. 아버지의 삶에 자신이 보조적 수단으로 소비되는 것 같은 마음에 아버지를 미워했다. 그러나 얼마 전 사고로 아버지를 갑작스럽게 잃었고 B는 한동안 전원이 뽑혀버린 감정 상태가 되었다. 증오의 대상인 줄 알았는데 애착의 대상이었다고 뒤늦은 탄식을 했다.

이것이 B가 안전하고 조용하게 살고 싶은 진짜 이유였다.

40대의 B가 10대의 상처 입은 B에게 다가갈 기회

다른 어떤 것보다 B는 마음을 추스를 시간이 가장 필요해 보였다. 직장 계약 기간은 2년가량 남아있으니 차근차근 다음을 대비할 마음이 들 때까진 생각의 공간을 내어주는 것이 먼저다. B에게 가장 잘 맞는 운동을 물어보니 필라테스였다. 약간의 부담이 있더라도 개인 수업을 받으면서 몸의 움직임과 호흡에 집중하고 신체를 강화하면서 마음도 함께 회복하는 시간을 우선 가지기를 제안했다.

그녀에게는 아픈 과거이지만, 사연을 통해 얻게 된 소득이라면 아무리 노력해도 채울 수 없었던 결핍이 장점으로 바뀔 가능성의 발견이었다. 그것은 B가 10대의 정서적 허기를 달래기 위해 심리학에 관심을 가지고 의지했던 시간이 꽤 있었던 점을 알게 되었을 때 더욱 확실해졌다. 그리고 봉사하면서 살고 싶다는 말까지 어우르면 그 결핍은 어쩌면 비슷한 경험에 놓였던 이들에게 다가가 깊은 공감과 위로를 줄 수 있는 에너지로 전환될지 모른다.

누군가의 보조적 수단으로 소비되는 느낌이 아닌, 나눔으로서 채울 수 있는 풍요로운 마음을 지니게 되리라는 것과 과거의 감정적 충격이 현재의 마음 상태에 영향을 주고 미래를 결정하도록 내버려 두지 말자는 나의 바람과 응원을 포함해서, B의 잠재의식 속에 이미 정해놓은 방향일지도 모르는 생각을 전했다.

성장과 치유를 위한 청소년 상담사의 길

나는 B의 배경과 성격을 종합해서 '청소년 심리상담사'에 대한 준비를 권했다. 청소년 상담사란 청소년뿐만 아니라 보호자를 대상으로 청소년의 정서적, 심리적 문제 및 학업과 진로 등의 다양한 고민을 상담하고 문제를 해결하도록 도와주는 상담복지 전문가이다. 재직기간 동안 관련 학과로 대학원 진학을 병행해 보면 좋을 것이다.

내가 B에게 이 직업을 제안한 이유는, 진로 탐색의 개념이 우선이라기보다 40대의 B가 10대의 B에게 다가가 다정하게 안아

주고 위로하며 앞으로 살아갈 이유를 찾아주라는 네 의미가 더 컸다.

아울러 공부를 통해 스스로 치유하는 방법을 찾고 엉킨 감정의 타래를 푸는 과정을 글로 정리하기를 권했다. 블로그나 브런치 등에 꾸준히 글을 올려서 작업 내용을 다른 이들과 공유하는 것도 덧붙였다.

청소년 심리상담사는 관련학과 석사 이상이면 2급 자격증에 응시할 자격이 주어진다. 석사과정에서 자격증 준비도 함께 하면 취득 후 지자체나 교육기관에서 운영하는 상담센터에서 경험을 쌓을 수 있다. 정작 문제를 가진 청소년이 제 발로 찾아오지 않는 현실적인 문제가 있다고 하지만, 10대의 B라면 누구를 찾아갈 것이며 어떤 사람과 이야기를 하고 싶었을지 떠올려보면 그 속에 힌트가 있으리라 생각한다.

기관에서 일정 경력을 쌓고 나면 상담센터를 독립적으로 운영하고, 업무와 연계된 창업 컨설팅 경험을 더해 청소년 직업이나 진로상담에 전문성도 발휘할 수 있을 것이다.

앞으로는 그녀가 부디 존재만으로 자신이 가치 있음을 만끽하는 날을 맞이하기 바라며, 그 충만함을 불안한 청소년기를 보내는 아이들에게 따뜻하게 전해 줄 수 있는 날을 기대한다.

CASE.3 : 다시 시작하는 경력 단절 여성의 도전

한 부모 가장의 선택지는 많지 않았다

36세의 C는 최근 이혼소송이 마무리되었지만, 결혼 생활 동안 남편의 외도와 폭언으로 너덜거렸던 마음은 여전히 상처로 가득했다. 그러나 전남편을 원망하고 있을 수만은 없는 이유가 있었다. 두 번의 유산 끝에 시험관 시술로 어렵게 얻은 딸을 홀로 키워야 하기 때문이다. 긴 소송 끝에 기어코 양육권은 확보했으나 내심 걱정이 이만저만이 아니었다. 결혼 전 2년여간 짧은 사무직 경력이 사회생활의 전부인 데다 그마저도 전업주부로 오래 쉬어서 취업할 곳을 찾는 것이 어려웠다.

얼마 전, 겨우 딸의 유치원 등·하원 사이에 가능한 짧은 아르바이트를 찾았지만, 그 업장의 매출이 낮아 계속해서 일할 수 있는지 불확실하다. 경력단절의 한 부모 가장이 구할 수 있는 일자리는 선택지가 제한적이며, 더불어 자녀가 성장함에 따라 단기 아르바이트로 교육비나 생활비를 감당하기가 점점 어려워진다는 것이 현실이다.

사정이 절박하다 보니 나는 C가 어떤 가정환경에서 자랐는지, 어떤 잠재력이 있는지 알아보고 자신에게 맞는 업을 찾아 자랑스러운 엄마로 굳건하게 홀로 설 수 있도록 도움을 주고 싶었다.

엄마를 쏙 빼닮은 C

C의 어머니는 제사가 아주 많은 시댁의 맏며느리였기 때문에 어린 시절 C 역시 집안일을 자주 도왔다. 어머니의 영향을 받아 언제나 깔끔하고 청결한 집안을 유지하는 법을 자연스럽게 배운 덕분에 그리 길지 않은 결혼 생활이었지만 요리며 살림을 야무지게 해냈다.

어린 자녀가 있음에도 C의 집은 늘 깔끔했다. 자신에게 일어난 상황만 보면 막막하고 답답해서 살림은 소홀할 법도 한데, 그녀는 오히려 머리가 복잡할 때는 정리와 청소를 깨끗이 하면 마음이 안정된다고 했다. 딸아이도 그런 엄마를 보고 자라서인지 기특하게도 가지고 놀던 인형이며 다 읽은 책은 꼭 정해진 자리에 가져다 놓았다.

남의 집 서랍을 보고 반하다니…

이것으로도 C가 가야 할 방향이 보였다. C의 주방에 가보니 나의 짐작이 답이 될 것이라는 확신이 들었다. 각각 줄지어 맞춘 조미료통과 용도별로 정리된 식기, 손질되어 보관된 음식 재료 등이 상점에 전시된 것 같았다. 눈에 들어오는 물건들이 깔끔하게 정리되어 있어 속이 시원하고 마음조차 평온해지는 느낌을 주었다. 드레스룸은 단순하지만 고급스러운 편집숍과 같았다. 서랍을 열어보면서 또 한 번 감탄했는데, 이 집에서는 양말을 찾느라 서랍을 뒤적일 일은 평생 없을 것 같았다. 이렇게 남의 집 서랍 안을 보고 반하는 것이 어디 흔한 일인가.

어쩌면 그녀가 아픈 일을 겪었음에도 좌절하지 않고 홀로서기를 앞당길 수 있는 건 정리의 힘이 아닐까 싶었다. 묵은 관계도 청산하고, 스스로 힘으로 기분 좋은 삶을 살아가기 위한 길을 열어둔 것이다.

C만의 스파이크 조이를 찾아서

나는 C에게 곧바로 '정리 컨설턴트'를 제안했다. 아이가 있는 집임에도 잘 정돈되어있고 심지어 그 어린 자녀가 직접 정리까지 한다는 것이 매우 인상적이었기 때문에 '엄마와 함께하는 정리 놀이'를 주제로 콘텐츠를 만들면 어떨까 했다. 유아용 의류는 너무 작아 접어두기도 걸어두기도 모호하고 또 장난감은 그 종류도 많고 크기가 제각각이어서 집 안에 넘쳐나는 아이 물건으로 골치가 아픈 가정에서는 꽤 쏠쏠한 정리 팁이 될 것 같았다. 게다가 아이들에게 정리습관까지 길러줄 수 있다면 교육적으로도 의미 있는 일이다.

처음부터 거창하게 촬영 장비를 갖춰서 시작할 것 없이, 퇴근 후 아이와 함께 놀이처럼 정리하는 모습을 스마트폰으로 촬영하고 SNS에 올리는 것을 첫걸음으로 삼는다. 사용하기 간편한 영상편집 앱도 많이 있으니 간단한 컷 편집과 자막을 추가해서 1분 이내 짧은 영상이면 큰 부담 없이 시작할 수 있을 것이다. 촬영과 편집, 업로드와 채널 관리라는 추가작업이 있긴 하지만, 딸과 함께 시간을 보낼 수 있고 매일 처리해야 할 집안일까지 동시에 해결된다는 장점도 있다.

그리고 자신의 SNS뿐만 아니라 전문가 매칭 플랫폼 숨고나 중고거래 커뮤니티 당근마켓에 정리 영상 링크와 사진을 첨부해서 정리 컨설팅 서비스를 시작해보는 것이다. 서비스 내용은 타 업체 내용을 벤치마킹하되 C만의 고객을 대하는 특별한 방식과 정리의 철학을 함께 고민하기를 추천했다. 하나의 예로, 정리 전문가의 상업적 시초로 불리는 곤도 마리에는 넷플릭스 리얼리티 프로그램 '설레지 않으면 버려라'에서 의뢰인의 집에 방문하면 정리를 하기 전, 안식처로 역할을 다 하는 집에 대해 무릎을 꿇고 눈을 감은 채 감사의 마음으로 의식을 치른다. 비록 생뚱맞고 낯설어 보일지라도, 그녀의 행동은 의뢰인의 추억과 생활이 반영된 공간에 대한 존중과 감사함을 진심으로 전하기 위한 것이었다. 이러한 마음은 뭉클한 감동과 경건한 느낌마저 선사했다.

그리고 '설레지 않으면 버려라'라는 규칙을 만들었는데 설렘이라는 단어 '스파크 조이'를 프로그램 내내 강조했다. 예를 들어, 책을 정리할 때는 내가 가고자 하는 방향에 도움이 되는지, 집어 들었을 때 설레는 마음이 드는지, 옷을 정리할 땐 마치 반려동물을 안았을 때처럼 사랑스러운 느낌이 드는지가 '스파크 조이'라며 감정적 정리 기준을 만들었다.

C에게도 '스파크 조이'와 같은 자신만의 정체성을 갖추는 것이 중요하다는 조언을 전했다. 자신만의 특징과 매력을 제공하여 브랜드 인식을 심고, 많은 고객의 관심과 신뢰를 얻을 수 있도록 하는 것이 중요하다. 자신의 브랜드를 완성하고 나면 공간별 금액과 소요시간, 상태에 따른 추가비 등도 타 업체와 비교한 후 갖춰진 사업의 형태로 서비스를 정리하길 권했다.

현재와 미래를 동시에 설계하는 일에 빠지다

C는 내 제안에 반신반의하며 자신이 가진 능력을 과소평가했다. 하지만 나는 이미 C가 충분한 재능을 가지고 있으며 도전을 통해 스스로 기회를 만들 수 있는 일이 눈앞에 펼쳐져 있다고 이야기했다. 게다가 이 일을 하기 위해서는 금전적인 리스크가 없

으며, 스마트폰과 시간만 있으면 충분하다고 말했다. 물론 처음 시작하면 일정 기간은 단 한 건의 의뢰도 없을 수 있다. 그러면 곤도 마리에가 우연히 사업을 시작하게 된 계기가 되었던 것처럼 친구나 지인 집을 방문해서 무료로 도와주고 전/후 사진을 올린 후 점차 입소문으로 고객을 확보하는 것도 방법이다. 조금 시간이 걸리겠지만, 지인 추천으로 요청하는 경우는 대개 참고할 만한 정보를 얻은 상태에서 결정을 내리므로, 고객들이 무턱대고 찔러보는 일은 없다.

운이 겹쳐 서비스를 확장한다면 일반 가정뿐만 아니라 사무실 또는 이삿짐센터와 연계해서 활동을 넓혀나갈 수도 있다. C가 혼자서 감당하기 힘들면 친정 식구와 팀을 이루어서 가족 사업으로 키우는 것도 생각해볼 만하다.

나도 이사 후 업체에서 여기저기 섞어놓은 짐들을 꺼내서 다시 정리하느라 한 달이 꼬박 걸렸을 때 그 일을 제대로 해주는 사람이 있으면 좋겠다고 생각했던 적이 있다. 물론 힘들게 정리한 후의 뿌듯함은 있었지만, 시간이 부족하고 각자의 사연으로 정리가 필요한 이들에게는 절실한 서비스이기도 하다.

정리는 오로지 물건을 치우는 것만을 의미하지 않는다. 곤도 마리에의 말처럼 우리의 삶에 새로운 의미와 가치를 불어넣어 준다. 정리 후, 우리는 물건을 살 때 한 번 더 생각하게 되며, 어지럽혀 놓는 나쁜 생활 습관도 바꾸어 놓는다. 덕분에 물건을 찾는 시간도 절약되고, 불필요한 물건을 살 필요도 없어진다. 이렇게 돈과 공간에 여유가 생기면서, 정리하는 것을 즐기게 되고, 공간을 더욱 사랑하게 된다. 결국, 정리는 우리 삶을 개선하는 일이기도 하다.

나는 마지막으로 C에게 일이 안정을 찾으면 전문성을 더할 공부를 할 것을 권했다. 한부모 가정이라면 국민 내일배움카드로 자비 부담 없이 무상으로 지원받을 수 있는 프로그램이 많다. 그중 C는 인테리어 디자인 공부를 추가로 하면 공간을 보는 시야가 더욱 탁월해질 것으로 생각했다. 인테리어와 홈 스타일링으로 사업을 더 키워나갈 수 있으니 잠재된 재능을 마음껏 꿈을 꿔봐도 좋을 것 같다.

만약 자신이 잘할 수 있는 일이 현재뿐만 아니라 미래까지도 보장된다면, 그것만큼 더 큰 행운은 없을 것이다. 나는 C가 자신이 잘할 수 있는 일에 전념하도록 격려했고, 그녀는 미래를 계획하면서 그 일을 위해 준비하고 있다. 과거의 아픔을 치유하고 앞으로 나아갈 힘을 얻은 C는 다른 이들의 삶도 빛날 수 있도록 도와줄 것이다. 나는 그녀가 자신의 능력을 충분히 발휘하여 멋진 엄마로서 역할을 해내리라는 것을 믿는다.

CASE.4 : 꿈꾸던 직업을 향한 다음 단계의 시작

어린 시절의 꿈

D는 청소년 시절부터 마케팅에 관심이 있었다. 그녀의 부모님은 쓰지 않는 물건을 가끔 중고거래 사이트에 올릴 때마다 그녀에게 부탁했다. D는 물건을 거래하면서, 자신이 올린 물건이 쉽게 팔리는 것을 알게 되었다. 그 경험으로 제품이나 서비스를 판매할 때 메시지를 전달하는 것에 점차 관심을 두게 했다. 아버지의 제안으로 마케팅 분야로 진로를 정하게 되었고 대학에서 마케팅 경영을 전공해 마케터로서의 꿈을 키웠다. 졸업 후, 그녀는 작은 광고 대행사에서 첫 직장을 얻었다. 회사 규모와는 상관없이 자신이 좋아하는 분야에서 일할 수 있게 된 것에 큰 기쁨을 느끼며, 배울 수 있는 모든 실무를 열심히 습득하기를 열망했다.

내가 원하는 현실은 이런 게 아니잖아

그러나 시간이 지남에 따라, 그녀는 상상한 것과는 아주 다른 직장인의 현실을 알게 되었다. 꿈꾸는 마케터의 역할과는 달리 대부분을 반복적인 소셜미디어 게시물을 만들거나 제품 설명을 부풀려 작성하는 데에 하루를 보냈다. 게다가 아이디를 돌려가며 써야 하는 상품 리뷰는 그녀를 기계 안의 한 부품처럼 느끼게 했고, 꿈꾸던 혁신적인 마케터와는 점점 멀어지는 느낌을 주었다. 그녀의 직장 생활은 매일 낙심한 기분을 느끼고, 선택한 직업에 대해 의문을 가지게 되었다.

현실이 갑갑한 그녀는 현재의 루트에서 벗어나서 더 필요한 공부를 하기 위해 MBA 학위를 고려하기도 했다. 하지만 MBA 학위를 취득한다고 하더라도 얼마나 더 나은 직장으로 취업이 될지 보장이 없는 데다 고액의 학비와 이제 곧 서른이라는 (자신이 생각하기에는 많은) 나이를 생각해봤을 때 비용과 투자 대비 효과에 대해서도 회의적이었다.

사업이나 해볼까?

그러다 어느 날, 대학 동기 모임에서 친구가 자신만의 마케팅 회사를 준비한다는 소식을 듣고, 그녀는 마음이 싱숭생숭해졌다. 그리고 자신도 사업을 하면 어떨지 나에게 조언을 구했다. 그래서 나는 그녀가 얼마나 진지하게 자신의 비즈니스를 할 준비가 되었는지 먼저 확인했다. 대화를 나눈 결과, 굳이 1부터 10까지 놓고 사업 의지를 표현하자면 3이나 4 수준으로 막연하게 '나도 사업이나 해볼까?' 정도에 해당했다. 이런 생각으로 회사를 나올 만큼 무모한 선택은 하지 않기를 바랐다. 아무런 준비 없는 선택은 지금 상황을 그대로 유지하는 것보다 더 나쁘게 만들 수도 있기 때문이다. 그러나 그녀가 얼마나 회사 생활에 회의를 느끼고 있는지 알기 때문에 무조건 참고 버티라고만 할 수도 없는 상태였다.

먼저, 내가 그녀에게 가장 크게 느낀 결핍은 배움에 대한 갈망이었다. D는 회사를 통해 새로운 기법이나 트렌드 및 소비자 행동에 대응하는 데 전문가가 되고 싶어 했다. 그러나 회사는 반복적인 일만 하는 작은 기업이었고, 더 크고 좋은 회사로 이직하기에는 자신은 트렌드에도 한참 뒤처지고 실력도 많이 부족하다는 것이다. 그런데 이런 생각으로 사업을 한다니 더욱 말이 안 되는 일이었다.

새로운 동기부여와 방향성 : 커리어 변화의 시작

일단, D가 가진 학습에 관한 갈증은 마케터들의 커뮤니티나 세미나를 통해서도 일부 해소할 수 있는 것이었다. '퍼블리'나 '인하우스'만 보더라도 실무 스킬이나 비즈니스 트렌드에 관한 소식을 구독하거나 세미나에 참가할 수 있다. 또는 비즈니스 모임 '인사이터'에서도 스터디 방식에 따라 모임 신청이 가능하다. 따라서 퇴근 후 적극적으로 모임에 참여하길 권했다.

그다음은 그녀가 배운 것을 현재의 직장에서 발휘할 만한 일이 있는지 찾아보고 적용해보는 것이다. 마지막으로, 회사에서 다양한 시도가 통하지 않는다면 부업으로 프리랜서 활동을 시작해보기를 제안했다. 이렇게 하면 자신의 역량을 확인하면서 동시에 비즈니스를 시작할 준비가 되었는지도 스스로 알 수 있다. 비즈니스를 한다면 마케팅 분야의 커리어를 바탕으로 먼저 자신의 브랜드를 창조하고 알리는 능력이 있는지 스스로 증명할 필요가 있다.

3개월쯤 지나 그녀는 소식을 전했다. 모임에 참여하고 있으며, 프리랜서 사이트에 자신의 프로필과 포트폴리오를 등록하고 몇 번의 쇼핑몰 상세페이지 작업을 실행해보았다. 그리고 마케터 모임에서는 생각했던 것보다 자신이 훨씬 뒤처지고 있다는 사실을 깨닫고 크게 충격을 받았으며, 그 이후로 업계에 멘토를 모시고 스터디 그룹을 만들어서 심화학습을 하게 되었다. 아울러 한 주에 한 번 모여서 마케팅 전략과 최신 기술 및 동향에 대해 논의하고 사례 연구를 했다.

그녀는 마케팅을 공부할수록 아직 모르는 것이 많다는 것을 깨달았지만, 모임에 참여하면서 새로운 동기부여와 방향성을 느낄 수 있었다고 전했다. 또한, 사이드 잡 프로젝트를 맡아보니,

작업에 시간을 쓰는 것보다 의뢰에 대응하는 시간이 더 길어져 또 다른 스트레스가 되었다는 것이다. 그러나 다양한 시도를 해 볼 수 있어서 그나마 재미를 느끼는 중이다.

D의 목소리는 이전보다 한층 더 활력이 넘쳤다. 진행되는 규모나 수익 면에서 아직 사업의 형태로 전환하기엔 시기상조지만 최소한 그녀가 생활할 정도의 수입이 마련된다면 현재의 직장이 아닌 다른 방안도 필요하다는 생각이 들었다.

다시 꿈꾸는 학생으로

나는 D에게 추가적인 방향을 제안했다. 첫째는 업무 스킬과 시장 변화가 빠른 마케팅 분야에서 계속해서 성장할 수 있는 능력을 갖추는 것이고, 둘째는 그 능력을 기반으로 성취감을 느낄 수 있는 회사로 이직하는 것이다. 그리고 그 후에는 새로운 회사에서 경력을 더 쌓은 다음에, 좀 더 부가가치가 높은 사이드 잡을 하면서 비즈니스를 준비하는 것이다.

그녀에게 HRD-net에서 K-디지털트레이닝 과정을 통해 본인에게 맞는 교육과정이 있는지 살펴보길 권했다. 이것은 국민 내일배움카드를 발급받아 참여할 수 있는 정부 지원의 훈련과정이다. K-디지털트레이닝 경우엔 디지털, 신기술 전문 교육과정으로, 훈련생으로 선발되면 전액 무상으로 교육을 받을 수 있는 데다 훈련 수당도 제공된다. 다만 인텐시브 과정인 경우는 근무시간과 같이 종일 교육에 참석해야 하므로 직장 생활은 병행할 수 가 없다. 현재 직장을 다닐 수는 없지만, 이 과정을 수료하면 취업이 알선된다.

그녀는 생각해보지 않았던 선택지라며 잠시 고민했지만, 현재 다니는 직장에서는 배운 것을 적용할 수 있는 환경이 아니어서 퇴사를 결심했고, 대신 부업으로 생활비를 충당하겠다는 계획을 밝혔다. 그러나 취업 과정 프로그램은 3개월 이상 6개월까지 정규로 진행하는 곳이 많고, 과정도 길고 과제도 많아 부업과 병행하기 어려울 수 있으므로, 좀 더 신중하게 고민해보기를 바랐다. 그러나 그녀는 몇 주 후, 부모님이 약간의 경제적 지원을 약속하셨고, 미련 없이 회사를 사직하고 나오는 길이라고 전했다. 신속한 실행력 하나는 인정할 만했다.

현재 〈그로스 마케팅 부트캠프〉에 선발된 그녀는 다시 학창 시절 전문 직업인을 꿈꾸던 학생의 모습으로 돌아갔다. 그녀는 제대로 배워서 제대로 활용하겠다는 열정으로 가득했다. 꿈꾸는 직장인으로 2막 1장을 시작하는 그녀가 교육과정을 성공적으로 마치고 희망하는 회사로 이직하기를 힘껏 응원한다.

CASE.5 : 선택과 집중의 가치와 의미를 다시 생각하다

후회만 가득한 현실

40대 초반 가장인 E는 여러 사업 실패로 인해 제한과 한계에 얽매여 살았다. 가족 자금까지 모두 끌어와 사업을 벌여왔던 탓에 부모와 형제에게 큰 빚을 남기게 한 죄책감도 매우 컸다. 생계를 위해 대여섯 가지 아르바이트를 하면서 하루하루를 버텨내는 그의 삶은 고단했으며, 경제적 문제로 위축되어 사람을 만나는 것도 꺼려졌다.

'그때 그것만은 하지 않았었더라면…' 하는 생각으로 머릿속에 후회만 가득했다. 앞으로 어떻게 해야 할지, 변화가 필요하다는 생각은 막연하게 있었지만 막막한 마음이 앞서 방법이 보이지 않았다. 고된 일과를 마치면 떠오르는 잡념을 지우기 위해서

술을 마셔야 잠을 잘 수 있는 일상이 반복되었다.

자신의 상황을 객관적으로 보는 일이 필요하다

E는 나의 지인으로, 이 책을 준비하기 전부터 1년 가까이 직업적 피드백을 나누었다. 그는 성실하고 책임감이 강한 장점이 있는 사람이지만, 자신의 인생을 어렵게 만든 심각한 단점이 있다고 생각했다. 어느 순간 그는 자신의 상황을 객관적으로 바라보며 생각과 행동을 교정하고 수정할 필요가 있다는 것을 스스로 깨달았다. 그래서 자신의 성향을 파악하여 잘할 수 있는 일이 무엇이며, 앞으로 어떤 준비가 필요한지 알고 싶어 했다.

E의 사례에서 전하려는 메시지는 단순히 단점을 나열하고 문제점을 지적하는 것이 아니라, 평소 무심결에 하는 생각과 태도가 개인의 인생에 어떤 영향을 끼쳤는지 살펴보려는 것이다. 이를 토대로 무한직업 원리에서 강조하는 사고의 유연성과 지속적인 학습의 중요성을 강조하고, 자신의 성향과 장단점을 파악하여 더 잘할 수 있는 일을 찾아 나가는 것이 핵심이다.

다만, E가 가진 직업의 특수성으로 인해 사업내용과 세부적인 업무 내용은 직접 밝히지 못하는 아쉬움이 있다.

자기 편향과 상식의 함정에서 벗어나야 한다

E가 사업을 하던 당시 가진 문제점을 되짚어보면, 자기 생각

을 지나치게 신뢰하고 타인의 피드백을 과소평가한 편향이 영향을 끼친 것으로 짐작할 수 있다.

첫째, 일을 시작하기에 앞서 충분한 검토 없이 자신의 능력과 상황을 과대평가하거나 자신의 의견과 다른 정보는 무시하는 경향이 있었다. 이는 다른 의견이나 아이디어를 듣지 않고 자기 생각으로만 사업을 운영해 잘못된 결정을 내린 원인 중 하나이다. 특히, 자신보다 학력이나 경력이 낮은 사람이나 손아래에 있는 사람의 의견에는 마음속에 이미 '노룩패스'가 자리 잡고 있었다.

둘째, 자신의 감정에 따라 잘못된 판단을 내렸다. 이런 경우에는 기분이나 감정에 치우쳐 과욕을 부리거나, 타인의 시선을 의식해 무리한 투자나 운영 방법을 선택한다. 이는 E뿐만 아니라, 퇴직금으로 창업하는 사람들이 자주 범하는 실수 중 하나이다. 주로 '이 정도는 시작해야 체면이 선다'라고 생각하게 되어 잘못된 선택을 한다.

그리고 이런 성향의 사람은 대개 자신이 모르는 것도 이미 알고 있다고 생각하거나, 새로운 것을 배우는 데 큰 관심을 두지 않거나 필요성을 느끼지 못한다. 게다가 예전에 통했던 방식대로, 익숙한 것으로 돌아가려는 관성도 작용한다. 이러한 태도는 성장과 발전을 방해할 뿐 아니라, 대인관계에서도 오해를 부를 수 있다.

상식이 부족한 경우에 자료를 조사하고 분석하는 필요성을 충분히 인지하지 못하는 경우가 많다. 이는 필요한 정보나 자료의 존재를 인식하지 못하기 때문이다. 그러나 오히려 아는 것이 많으면 많을수록 그만큼 숨은 위험도 파악하기 위한 준비를 철저하게 하게 된다. 따라서 E는 과거의 실패를 반복하지 않기 위해서, 앞으로 어떤 결정을 내리기 전에는 반드시 충분한 자료조사와 사실 확인, 그리고 더블 체크를 염두에 두어야 한다.

단계적 진행과 우선순위의 집중이 필요하다.

E는 여러 가지 아르바이트로 생계를 유지했는데, 녹초가 될 때까지 일해도 가족이 겨우 한 달 살아갈 만큼이었고 빚을 상환하거나 변수에 대비해서 자금 계획을 세우는 것이 어려웠다. E의 아르바이트 목록을 살펴보면, 그가 이전에 해왔던 일과는 노선이 달라 업무가 더디고, 그의 적성을 고려하지 않아서 전혀 열의를 느끼지 못하는 일이 대부분이었다.

또한, E의 약점 중 하나는 여러 가지 일을 한꺼번에 처리하려는 성향이었다. 아무리 다재다능한 멀티 플레이어라도, 여러 가지를 동시에 똑같은 비중으로 잘하는 것은 불가능하다. 집중의 차이에 따라 결과의 질도 다르기 때문이다. 게다가 그중 일부는 실질적인 소득과 연관이 없는 일도 있었다. 다른 사람의 부탁이나 요구를 들어주는 일에 시간과 체력을 쏟기도 했는데, 이것으로 중요한 업무들이 소홀해지는 때도 있었다. 따라서 체계적인 선택과 집중이 매우 중요해 보였다. 불필요한 것을 과감하게 가지치기해야 한다는 결론이 나왔다.

그러기 위해서는 E에게 비전과 방향을 그리는 일이 무엇보다 중요했다. 궁극적으로 가고자 하는 방향에 완성된 이미지를 그리면서 하나에 하나씩 차근차근히 한 곳으로 에너지를 모으는 것이 우선이다. 막연하게 언젠가는 재기하리라는 열망만으로는 문제를 해결할 수 없다. 따라서 E는 당장 돈이 되는 일 이외의 남의 요구에 시간을 낭비하는 일이 없어야 했고, 그다음으로는 자신이 해왔던 직무와 유사한 곳에 취업해서 체계적으로 일을 배우며 고정적인 수입을 확보하는 것이 필요했다.

출발은 작아도 끝은 크다

사업 실패 후 그는 주변 사람들과의 교류를 피하고, 도움을 요청하는 것을 꺼렸다. 그러나 몇 달이 지난 뒤, 그는 용기를 내어 주변에 도움을 요청하고 일손이 필요한 지인의 회사에 취직했다. 시간과 체력을 많이 소모하는 아르바이트는 대부분 정리하고, 시간 활용이 자유로운 몇 가지 일만 남겼다. 그것으로 업무 이외에 시간을 활용해서 부족한 생활비를 충당할 수 있을 정도는 되었다. 이전과 비교하면 건당 소득은 줄었지만, 지금으로선 불규칙한 수입보다 고정적인 급여가 자금 계획을 세우는 데 더 중요한 부분이었다.

다행인 것은 현재 회사 업무가 본인의 이전 사업과 연관이 있어서, 기존에 놓쳤던 지식을 습득하고 기본부터 다시 일을 시작할 수 있다는 점에서 새로운 희망을 발견했다는 것이다. 비록 처음부터 모든 것을 완벽하게 이해하고 수행할 수는 없지만, 업무에 빠르게 익숙해지기 위해 노력하고 실제 회사에서 인정받을 만한 성과를 내는 것을 단기적인 목표로 설정하라고 조언했다. 단지 월급만 목적으로 할 때와 목표를 달성하기 위해 전력을 다할 때는 분명 생성하는 에너지도 달라지고, 아웃풋에서도 큰 차이가 난다.

그리고 한 가지 더, 한 시간 일찍 출근해서 독서를 하기를 권했다. 외부 자극을 다양하게 받으면서 사고를 유연하게 만들고, 사유의 시간을 가짐으로써 장기적인 목표를 위한 발판을 다질 수 있을 것이다. 또, 남들보다 이른 출근은 동료와 상사에게 성실한 인상을 줄 뿐만 아니라, 준비된 하루를 시작할 수 있어 자기 생각과 태도를 긍정적으로 변화시키는 큰 보상이 된다.

이제 그는 자신이 가장 잘하는 것 한 가지에 집중하여 성과를 만들어내는 것이 중요하다는 것을 안다. 가장 잘하는 것 한 가지에서 단계적으로 성과를 낸 다음, 실력이 일정 궤도에 올라갈 때까지 성과와 노하우가 축적되면 기회는 연이어 닿는다는 것을 몸소 느끼고 있다.

6장

잡 메이커에게 묻는다

Q1 동물을 돕는 일을 하고 싶은데, 어디서부터 준비해야 할까요?

고1 여학생입니다. 동물을 너무 사랑해서 동물을 돕는 일을 하고 싶어요. 유기동물을 돌봐주는 일도 좋지만, 그보다 더 근본적인 문제를 해결하고 싶어요. 고래를 보호한다든가……. 하지만 수의사나 훈련사 이외에 뚜렷하게 떠오르는 일이 없어요. 해외에서도 활동할 수 있고 넓은 범위에서 동물을 도와줄 수 있는 일은 어떤 것이 있고 무엇을 준비하면 될까요?

A 저도 동물을 참 사랑하는데요, 우선 반가운 마음과 기특한 마음이 동시에 듭니다.

학생이 수많은 동물 중에서 '고래'를 구체적으로 지목을 했고, 근본적 문제 해결에 동참하고 싶다는 의사를 비쳤기 때문에 먼저 '해양 생물을 보호' 활동을 떠올리게 되었어요.

우선, 물이 두렵지 않다면 해외에서도 활동할 수 있는 프로페셔널 다이버를 생각해볼 수 있을 것 같습니다. 해양 생물 및 자원 보호에 전념하는 '파디 어웨어(PADI AWARE)'라는 국제기구가 있어요. 30년간 해양 보호를 해온 비영리 단체이고, 전문 다이버는 '파디 어웨어'에서 활동을 할 수 있다고 해요.

프로 다이버로 일하는 데 필요한 것은 다이빙 기술이겠죠. PADI 한국 홈페이지에 들어가면 지역 다이브 숍이 연결되어 있습니다. 내 집주변에 가까운 다이브 숍에서 먼저 경험을 해볼 수 있겠네요. 그리고 플로깅(스웨덴어 'plocka upp'과 영어 단어 'jogging'을 합성해서 만든 말로 조깅을 하면서 쓰레기를 줍는 운동을 말함) 모임과 같은 해양 쓰레기 수거나 해변 정화 활동에 참여하면서 환경 보호에 대한 의식을 가져보는 것도 좋을 것 같습니다. 동물들이 잘 살아가도록 환경을 조성하는 것이 가장 근본적인 동물보호일 테니까요.

그런 활동 후에도 관심이 꾸준히 증가한다면 졸업 후에 미국 PADI 에서 발급하는 프로페셔널 자격증을 목표로 할 수 있습니다. 해외에서 다양한 전문가와 교류하고 해양 생물 보호 활동을 경험하면서 넓은 시각을 갖출 기회가 될 거에요.

파디 어웨어에서 활동하는 다이버들은 다이빙 기술뿐만 해양 생물학, 지리학, 환경 과학 등 다양한 분야의 전문 지식도 갖추었다고 해요.

해양 생물이나 자원 보호에도 관심이 생겼다면 그 분야와 관련해서 진로를 선택하는 것도 생각해볼 만합니다. 전문 지식을 습득하면 해양 생물 보호와 관련된 문제를 더 깊이 이해하고 해결하는 데 도움이 될 거라는 생각이 들어요.

해양 생물 보호에 관한 관심은 매우 중요한 문제입니다. 우리의 생존과도 연관이 있죠. 해양 생물 보호에 대한 중요성을 인식하고, 실질적인 기여를 할 수 있는 전문가로 성장할 수 있기를 기대합니다. 학생의 질문 덕분에 해양 생물의 생태계와 자원 보호에 대한 중요성을 다시 인식하게 되었습니다.

■ PADI 한국어 사이트 :
(https://www.padi.com/ko/aware/our-work)

Q2 미용 학교에 진학하겠다고 하는 아이, 말리고 싶습니다.

중학교 2학년 여자아이를 둔 엄마입니다. 제 아이는 어느 과목에도 특출한 점 없는 중위권 성적의 평범한 아이지만, 그래도 부모로서 아이가 공부를 조금 더 열심히 해서 상위권으로 진입했으면 하는 마음이 큽니다. 그런데 어느 날인가 메이크업에 관심을 가지더니 대뜸 미용 고등학교에 진학하겠다고 합니다. 그날 전문직에 종사하는 아이 아빠와 크게 말다툼을 했고, 아이와 아빠 양쪽 모두 서로를 이해하지 못하고 상황을 받아들이기 힘들어합니다. 저는 어느 입장에 서야 할지 참 난감하네요.

A 자녀의 선택이 부모님의 기대와는 다른 경우 혼란스러울 수 있습니다.

특히, 공부에 관심이 부족한 자녀의 경우, 부모님이 자녀의 미래를 걱정하는 것도 당연한 일입니다.

하지만 많은 사람이 자신의 진로나 꿈을 찾지 못하고 살아가는 것을 고려할 때, 자녀가 미용을 전공하고 싶다는 열망을 품고 자신의 의사를 표현한 것은 분명 행복한 일이어야 합니다. 물론, 충동적으로 내린 생각인지, 진지하게 진학에 관해 부모님께 의논하고 싶은 것인지 좀 더 깊은 대화가 필요할 것입니다. 예를 들어, 왜 그 분야를 원하는지, 진학하고 싶은 학교와 향후 전공하고 싶은 분야에 대해 어느 정도까지 관심을 두고 찾아봤는지 등 말입니다.

학교 성적만 놓고 봤을 때는 평범한 아이라고 했지만, 사실 자녀의 잠재력이 얼마나 비범할지는 부모라도 모르는 일입니다. 아직 본인조차도 모르고 있을 수 있죠. 어쩌면 정샘물, 이사배, 포니처럼 스타 메이크업 아티스트가 될지도 모를 일입니다. 그게 아니라면 또 어떻습니까? 자녀가 좋아하는 일을 자신의 업으로 생각하고 있다는데, 그것만으로 응원할 이유는 충분하다고 생각합니다.

15년도 더 지난 이야기입니다만, 제가 예전에 지도하던 중학교 남학생이 요리를 전공하고 싶다고 부모님께 말씀드렸다가 심하게 혼났다고 울면서 하소연하던 에피소드가 생각납니다. 그 아이는 요리가 너무 재밌다고 했었죠. 그래서 부모님이 맞벌이하러 나가시고 집이 비면, 하교 후 학원도 빼먹고 인터넷에서 레시피를 찾아보면서 집에서 음식을 만들었다고 합니다. 당연히 부모님이 아시고 불같이 화가 나셨죠.

제가 그 학생이랑 대화를 해봤을 때, 아이는 아주 진지했어요. 그 당시에 국내에는 에드워드 권이, 해외에는 고든 램지가 투톱으로 각종 요리 방송을 이끌던 때로 기억하는데, 아이는 제 나름대로 레시피도 분석하고 응용도 하면서 진심으로 그 일을 즐겼습니다. 그래서 저는 그 이야기를 듣고, '르 꼬르동 블루'라는 세계적으로 손꼽히는 요리전문학교가 있다고 정보를 슬쩍 흘렸습니다. 파리에도 있지만, 호주 캠퍼스도 있어서 영어를 열심히 준비한다면 (아이엘츠 5.5 이상) 고3이 되어서 호주 르 꼬르동 블루에 지원을 해볼 수 있지 않겠냐고 넌지시 부추기기까지 했죠. 그때 아이 눈은 반짝거렸어요. 저는 학부모님을 설득하기 위해 매일 전화상담을 했던 것 같습니다.

어렵게 부모님을 설득하고 난생처음 목표가 생긴 아이는 그 이후부터 학업태도가 완전히 달라졌습니다. '영어숙제는 먹는 거예요?' 하던 아이가 빠짐없이 과제를 챙기고 수업시간에도 집중했죠. 그렇게 남들보다 빠르게 3년간의 유학 준비시간을 갖게 되었습니다.

이것만 보더라도, 꿈을 실현하기 위해 스스로 노력하고 자신의 인생을 주도하는 방법을 알아간다는 것이 얼마나 축복할 일인가요. 아이의 꿈과 목표는 부모님의 꿈과 목표와는 달라야 한다고 생각합니다. 부모님은 자신의 인생 경험과 가치관을 기준으로 자녀를 대합니다. 그러나 아이들이 경험하는 시대와 직업 세계관은 지금과 다를 수밖에 없습니다. 예전에 없던 직업도 생겨나고요. 따라서, 아이들이 자신이 좋아하는 것을 찾는 일과 꿈을 갖고 성장하도록 지원하고 격려하는 것이 부모님의 역할이라 감히 말씀드립니다.

Q3 인생 제2막 설계로 투자를 할지 창업을 할지 고민입니다.

40대 후반 가장입니다. 인생 제2막 설계를 두고 투자와 창업 사이에서 기준점을 어디에 두어야 할지 물어보고 싶습니다. 그리고 창업을 한다면 직장인에서 자영업으로 가장 자연스럽게 전환할 방법은 무엇일지요?

현재 부산에서 물류회사 임원으로 있습니다. 지난해 코인과 주식투자를 해서 돈을 좀 벌었는데, 안전하게 월세를 받을 수 있는 부동산에 투자할지, 창업할지 고민하고 있습니다. 앞으로 회사를 얼마나 더 다닐 수 있을지 모르겠지만 그렇다고 당장 회사를 그만두고 사업을 할 수는 없는 상황입니다. 막연하게 사업을 생각하는 상태라 아직 구체적으로 생각해 둔 아이템은 없습니다.

그리고 회사에 다니면서 다른 사업을 준비한다고 하더라도, 아내가 위험을 감수하는 것을 워낙 싫어하는 타입이라 창업을 한다고 해도 동생 명의로 아내 몰래 해야겠고요. 직장과 창업 준비를 병행할 때, 수입이나 회사에서 주는 혜택을 유지하면서 전업 직장에서 자영업으로 자연스럽게 전환하는 방법이 있을까요?

A **먼저, 이런 하락장에서 수익을 내시다니 축하드립니다!**

현금 보유를 하다가 적절한 시기에 알맞은 투자처를 발견했을 때 자금 투입을 하는 것이 가장 좋은 시나리오죠. 하지만 적절한 투자처와 타이밍을 맞추는 것이 참 어렵습니다. 일단, 질문하신 내용을 차례로 답변 드리겠습니다.

첫째, 부동산은 상대적으로 안정적이고 예측 가능한 수익을 줄 수 있으므로 안정적인 수익원으로 선택하는 경우가 많습니다. 임대수익과 더불어서 장기적인 관점에서 부동산 가치가 크게 오르기도 하니까요. 그러나 예전처럼 사두면 무조건 오르던 시기는 아니니 시장 리스크를 잘 판단해보시길 바랍니다. 어떤 투자든지 판단은 투자자의 몫입니다. 다만, 사전에 충분히 살펴보면 수익을 100% 확신할 수는 없어도 리스크를 줄일 수는 있지요.

부동산은 지역과 부동산 종류 등에 따라 변동성이 매우 큽니다. 부동산 시장이 하락하면 가치 손실뿐만 아니라 역전세난과 같은 임대료 감소 등의 위험을 감수해야 합니다. 그리고 대출의 비율에 따라서 금리가 상승하는 시기에는 이자 부담이 매우 높아져서 현금흐름이 어려워질 수도 있으니 투자 금액을 가계 경제에 맞게 잘 따져보셔야 합니다. 그 이외에 세금도 간과해서는 안 되는 이슈입니다. 추가로 수리 및 유지보수나 중개비 등의 비용도 발생하죠. 투자에 관한 질문은 원론적인 답변만 드릴 수 있을 것 같습니다.

둘째, 창업에 관한 고민을 전해주셨는데, 먼저 명의에 관한 답변부터 드립니다.

결론부터 말씀드리면 가족끼리 몰래 해야 할 일은 없어야 한다는 것이 제 의견입니다. 아내가 걱정할까 봐 말씀하지 않는 것은 아내를 위한 배려가 아닐 것입니다. 걱정에서 그칠 일을 가정의 위기로 만들 우를 범하지 않기를 바랍니다. 남편의 직장 문제는 남편 개인의 고민만은 아니기 때문입니다. 회사를 잘 다니다가 맥락 없이 대뜸 '나 사업할까 봐'로 시작하면 모든 아내가 겁을 먹습니다. 대신, 아내와 사업 준비에 대한 부담을 줄일 수 있는 대화를 시도해보는 것이 어떨까 합니다. 회사에 다니면서 사업 아이템을 함께 찾아보는 과정에 참여하도록 말이죠.

혹은 창업이나 사업보다 자금 투입이 적은 부업 단위로 생각해볼 수 있겠죠. 아내가 준비과정에 참여함으로써 막연한 두려움이나 거절을 하지 않게 하는 방법도 될 수 있을 것입니다. 반대로 아내가 신선한 아이디어를 내놓거나 진행에 큰 도움을 줄지도 모르는 일입니다. 창업하게 되는 데에도 일손이 하나라도 더 필요한 사업 초기에는 더욱이 가족의 지원이 절실할지 모릅니다.

셋째, 전업 직장에서 자영업으로 자연스럽게 전환하는 방법에 관한 질문입니다. 그러기 위해서는 일단 본업에 충실하셔야 합니다. 무슨 말인가 하면, 현재 회사에서 본인이 가진 전문 지식이나 업무 경험을 활용할 수 있는 일을 점검하는 것입니다. 현재 회사가 개선해야 하는 점이 있는지, 업계 관행이나 서비스 품질 그리고 파트너사들의 요구나 불만들을 점검해서 본인이 가진 물류 업무와 관련된 지식과 노하우를 충분히 발휘할 수 있는 일이 무엇인지 되짚어보는 것이 선행되어야 합니다. 이 책의 3장 '내가 가진 자원으로 어떻게 문제를 해결하고 타인의 욕구를 충족시킬 수 있을까'에 대한 질문을 충분히 고민해보시길 권합니다.

사업 아이템을 찾으면 프리랜서의 형태로 활동을 하시거나 혹은 형제와 동업을 하는 것도 방법이 될 수 있습니다. 질문자께서 회사 업무를 보는 동안 형제가 할 수 있는 일을 하고, 그 후는 질문자께서 업무를 처리하는 방식으로 분업을 할 수 있을 것입니다.

Q4 무인 택시가 상용화되면 앞으로 택시기사의 역할은 어떻게 바뀔까요?

현재 택시 운전을 하고 있습니다. 운전한 지는 10년쯤 되었습니다. 그동안 택시 업계도 많은 변화를 거쳐왔습니다. 현재는 카카오택시로 등록되어 주로 예약 손님제로 운영을 하고 있습니다. 그러다 2023년 2월부로 택시 기본요금이 4,800원으로 인상되고 기본 거리도 2㎞에서 1.6㎞로 줄어들면서 승객이 급감했습니다. 당장 시장의 충격이 커서 승객들이 택시에 등을 돌린 것일지도 모르겠지만, 그래도 이 가격 인상의 영향이 얼마나 갈지 잘 몰라 심란합니다.

그런데 제 근본적인 고민은 따로 있습니다. 미국 애리조나주 교외 지역에서는 웨이모 회사가 2020년부터 '무인 로보택시'를 상용화해서 운영하고 있다고 합니다. GM의 자율주행 자회사 크루즈는 샌프란시스코 북서부에서도 무인 자율주행 택시 서비스를 진행하고 있고요. 2023년 3월에는 중국의 대기업 바이두가 자율주행 로보택시 '아폴로'를 베이징에서 운영한다는 보도가 나오기도 했습니다. 이런 추세를 볼 때, 이제 무인 택시가 상용화되는 것은 시간문제로 보입니다. 택시기사로서의 제 직업도 사라지게 될까요? 앞으로 제 직업은 어떻게 바뀔까요?

A 무인 택시가 상용화되면 택시기사의 역할은 크게 바뀔 것입니다.

1장에서 저는 인공지능기술이 지금보다 더 일상에 파고들면 직업인의 역할이 바뀔 것이라는 이야기를 했습니다. 무인 택시는 인공지능 기술과 자율주행 기술을 활용하여 스스로 목적지까지 운전할 수 있습니다. 그러니 사람이 운전하는 일은 사라지겠지요. 그러나 미래의 택시에 관해 저만의 상상의 나래를 펼쳐본다면 운전 이외에 아주 다양한 역할이 새로 생길 것 같습니다.

택시 예약플랫폼에서 필요한 서비스를 추가하면 경유지나 목적지에 필요한 서비스 기사를 요청할 겁니다. 예를 들어, 고객이 예약플랫폼에 필요한 서비스 아이콘을 담아서 호출하거나 음성으로 '강남 9번 출구 앞에 가는데 배가 고프니까 탑승과 동시에 먹을 수 있도록 샌드위치와 맥주를 준비해줘'라고 할 수 있겠죠. 혹은, 차 안에서 노래하는 걸 좋아하는 저는 이런 걸 상상해봤습니다. '보컬 트레이너 기사님이 부평역부터 목적지까지 함께 탔으면 좋겠어.' 이런 식이죠. 이동 중에 발성 훈련을 받는 거죠.

그리고 호텔 컨시어지 서비스처럼 짐을 운반해 준다거나 탑승객이 도착한 장소에서 택시를 정리하고 청결하게 유지하는 역할도 필요할 것 같습니다. 예시처럼 음식 준비나 엔터테인먼트 요소를 추가할 수도 있을 것 같고요.

각 콘셉트에 특화된 택시도 등장할 수 있겠네요. 안마의자가 설치된 택시라든가, 푸드 택시, 노래방 택시, 카 시어터(car theater) 택시 등등 콘셉트에 부합하는 서비스를 제공하는 다양한 역할의 기사님이 생길 것 같다는 것이 지극히 제 개인적인 생각입니다.

Q5 올해 대학 4학년인데 대학원 진학과 유학 사이에서 갈등 중입니다.

대학교 4학년, 졸업을 앞둔 학생입니다. 그런데 아직 사회로 나갈 준비가 안 된 것 같아요. 취업할 자신도 없고 사회로 나갈 용기도 나질 않아서 대학원으로 진학할까 생각 중입니다. 주변에는 대학원에 진학한 선배나 유학을 하러 간 친구들이 많이 있어요. 스펙을 더 쌓아서 취업하려면 유학을 해야 할 것 같긴 한데, 아직도 공부의 목적을 잘 모르겠습니다. 그냥 막연하게 파리나 미국 생활을 동경해서 해외 생활을 해보고 싶은 것 같기도 하고요. 그게 학업을 위한 것인지 현실에서 도피하고 싶은 것인지 제 마음을 모르겠습니다. 어떻게 인생을 살아야 할지 도와주세요.

A **많은 대학생이 졸업 후에 무엇을 할지 고민하고, 그에 대한 답을 찾지 못해 불안해합니다.**

대학 생활을 마치고 사회로 나가는 것은 모험과 부담이 따르기 마련이죠. 때때로 자신에 대한 의심과 불안감을 느끼기도 하고요. 그러나 이러한 감정은 모두 자연스러운 것입니다. 누구에게나 부담과 두려움이지만 그 감정을 극복하는 속도의 개인 차이만 있을 뿐입니다.

질문하신 대학원 진학에 대해 먼저 얘기해볼게요. 대학원 진학은 자신의 진로에 하나의 선택일 수 있습니다. 하지만, 대학원 진학은 그 자체가 목적이 아닌, 전공 분야에 대해 더 깊이 있는 학문연구를 하기 위한 선택이어야 합니다. 그런 경우 대학원에서의 연구 경험은 취업에 큰 도움이 될 수 있습니다. 주로 연구 분야나 인공지능, 바이오 기업 등은 석, 박사 출신의 고학력자를 채용하는 경우가 많거든요. 그렇다면 질문자의 생각처럼 향후 취업을 생각해서 대학원을 고민할 만한 가치가 있겠지요. 유학을 고민하는 것도 마찬가지입니다. 그러나 취업 스펙을 위해 반드시 대학원을 진학하고 유학을 해야 할까요? 그런 의도라면 필수적인 것은 아니라고 생각합니다.

대학원이냐 유학이냐보다 우선 공부의 목적이 질문의 시작이 되어야 한다고 생각합니다. 도대체 공부 목적은 어디에서 찾아야 할까요? 선택한 전공이 적성에 맞지 않거나 앞으로 어떤 일을 하고 싶은지, 어떤 분야에서 능력을 발휘할 수 있는지 모를 때는 고등학교 4학년이 된 것처럼 또다시 진학 문제로 고민을 하게 됩니다. 왜 공부를 하고 있는지 의문이 들기도 하고요. 이 말은 공부의 목적도 곧 내가 원하는 것을 찾아야 더 명확해진다는 것이겠지요.

잠시 했던 유학 얘기로 돌아가면, 해외 유학을 결정하기에 앞서서도 목적이 분명히 있어야 한다고 하지요. 맞는 말입니다. 모든 선택에서 기회비용을 생각하지 않을 수 없으니까요. 그렇지만 삶에는 하나의 정답만 있는 건 아니거든요. 제 주변에는 열심히 공부하려고 유학을 했는데 용돈 벌이로 시작한 해외 구매대행이 대박이 나서 학업은 그만두고 어엿한 쇼핑몰 사업을 하는 사람도 있고요, 대학입시에 실패하고 도피 유학을 하였는데 뜻밖에 그곳에서 공부가 잘 맞아서 졸업 후 다국적 기업에 취업한 사람도 있어요. 하나의 경로에 하나의 답이 있는 것만은 아니라는 걸 말씀드리고 싶어요.

질문 중에 막연하게 해외 생활을 해보고 싶다고 했는데, 어쩌면 이 질문에 실마리가 있을지도 모른다는 생각이 듭니다. 내가 동경하는 해외 생활이라는 마음을 역추적해보면 어떨까요? 어떤 부분 때문에 파리나 미국이 끌렸을까요? 어쩌면 소설이나 영화의 장면일 수도 있고 누군가의 이야기나 SNS상 몇 장의 사진에서 매료된 것일 수도 있겠죠. 그게 무엇이든 나의 소망이 희미하게 담긴 메시지이기 때문에 마음에 끌렸을 수도 있으니까요.

저의 개인적인 이야기를 하나 들려드릴게요. 제가 20대에 푹 빠졌던 '에쿠니 가오리'의 소설《냉정과 열정 사이》에는 이탈리아 피렌체의 두오모 성당이 배경으로 나옵니다. 이 성당이 중요한 것은 소설의 두 남녀 주인공 아오이와 준세이가 재회하기로 한 의미 있는 장소이기 때문이지요. 오로지 이 장면 때문에 기회가 되면 꼭 피렌체를 가보고 싶다고 생각했고, 그것과 동시에 막연하게 이런 소설을 쓰고 싶다는 생각을 했었어요.

그러고는 잊고 살았죠. 30대 중반이 되어서 혼자 피렌체로 여행을 갈 기회가 있었어요. 아스팔트와 함께 그대로 녹아버릴 것 같은 8월의 불볕더위에 두오모 성당 앞에 길게 늘어선 줄을 보니 감당할 자신이 없더라고요. 모자를 준비하지 않아서 두피가 벗겨지는 줄 알았거든요. 그래서 '다음 기회에' 하고는 곧장 유턴해서 피렌체 골목을 누비고 다녔어요. 작은 수공예 가게랑 빈티지 숍을 구경하며 시간을 보냈죠. 눈앞에 두오모 성당을 두고 말이에요. 성당은 지나쳤지만, 그 대신 그동안 잊고 있었던 게 생각난 거예요. 막연하게 글을 쓰고 싶다는 건 그대로 남아있더군요. 그리고 소설가는 되지 않았지만, 결국 많은 시간이 흘러 이렇게 책 한 권을 출판하게 되었습니다.

인생은 어딘가에 흩어져 있던 점들이 누적된 경험을 통해 선으로 드러나는 것이라고 합니다. 그런 과정에서 자신에게 맞지 않는 선택으로 인해 좌절을 경험할 수도 있어요. 하지만, 그 경험 역시도 자신을 찾아가는 과정이라고 생각합니다. 좌충우돌 경험을 통해서 다음번엔 조금 더 나은 선택을 하게 되거든요. 그렇게 수없이 많은 시행착오를 통해서 인생을 배우는 것이 아닌가 싶습니다. 그러니 조급해하지 말고 결정을 내리기 전에 자신의 내면과 소망을 충분히 들여다보길 바랍니다. 자신에게 생각할 시간과 여유를 주세요.

또, 지금까지 해온 것은 모두 인생의 구성요소로서 소중하고 의미 있는 것으로 생각합니다. 이제까지의 경험은 언젠가는 이어질 선이 되기 위해 하나의 점과 점으로 남아있을 거예요. 앞으로 더 많은 경험을 쌓으면서 자신이 무엇을 원하는지 더욱 분명해질 것입니다.

끝으로, 유학 결정에 도움이 될 만한 영국과 미국의 대학 교육 플랫폼을 공유합니다. 언어는 영어이고요, 각 대학 교양이나 그 이상의 전공 강의를 만날 수 있을 거예요. 유학을 결심하기 전에 관심이 가는 분야가 있는지 먼저 살펴보고 수강해보시기 바랍니다. 어떤 결정이든 충분히 생각해보고 그에 따른 선택을 하면 됩니다. 그리고 그 선택이 어떤 것이든 좋은 경험이 되도록 만들면 됩니다.

⁂ 추천 학습 플랫폼 ⁂

■ Future Learn (https://www.futurelearn.com/)

Futrure Learn은 영국 오픈 대학(Open University)이 주도하는 학습 플랫폼으로, 세계적인 대학들과의 제휴를 통해 전 세계 사용자들에게 접근성 높은 교육을 제공하고 있습니다. 제공하는 강좌는 대부분 비즈니스, 컴퓨터 과학, 디자인, 건강, 인문학 등 다양한 분야에 걸쳐 있으며, 강의 시간도 짧은 것부터 몇 주간의 과정까지 다양합니다. 강좌 내용은 온라인 강의, 토론, 퀴즈, 과제 등을 포함하고 있습니다. Future Learn은 대학과 협력하여 인증 코스도 제공하며, 이 코스를 수료하면 수료증을 받을 수 있습니다. 수료증은 일부 코스에서는 무료이지만, 대부분 코스에서는 유료입니다.

■ Coursera (https://www.coursera.org/)

Coursera는 MOOC(Massive Open Online Course) 플랫폼 중 하나로, 대학의 강의를 인터넷을 통해 무료 또는 유료로 제공합니다. 전 세계적으로 유명한 대학들과 기업과 협력하고 있습니다. 학위코스를 포함하고 있으며 수백 개의 강좌를 제공합니다. 이들 중 일부 강의는 아래와 같습니다.

- 머신러닝 (스탠퍼드 대학교)
- 데이터 사이언스 (미시간 대학교)
- 알고리즘 분석 (프린스턴 대학교)
- 뇌과학 (듀크 대학교)
- 데이터 과학 (IBM)
- 디지털 마케팅 (구글)

■ edX (https://www.edx.org/)

하버드, MIT, 버클리 등 세계 유수의 대학과 기관이 제공하는 무료 온라인 강좌 플랫폼입니다. 수업 외에도 커뮤니티 기능, 포럼 등 다양한 기능을 제공합니다. Coursera와 마찬가지로 마이크로소프트, 메타, 아마존 웹 서비스, 구글 등 다국적 기업과 협력하고 있습니다. 가입 후 이용 가능합니다. 3600개 이상의 강좌가 제공되며, 예를 들어, 아래와 같은 강의가 있습니다.

- 인공지능 (컬럼비아 대학교)
- 데이터 과학 (하버드 대학교)
- 파이썬 프로그래밍 (MIT)
- 경제 개발의 이해 (옥스퍼드)
- 공급체인 관리 (미네소타 대학교)
- 헐리우드 산업의 역사 (펜실베니아)
- 클라우드 보안 (AWS)

■ Khan Academy (https://www.khanacademy.org/)

Khan Academy는 수학, 과학, 경제, 역사 등 다양한 주제의 수업을 제공합니다. 그중 수학과 과학 분야에서 가장 잘 알려져 있으며, 초등학교부터 대학까지의 다양한 학년의 학생들이 이용할 수 있습니다. 또한, AP(Advanced Placement) 시험과 SAT, GMAT 등의 시험 대비 강의도 제공합니다.

Khan Academy는 영상 강의, 인터랙티브 연습 문제, 토론 게시판 등을 제공합니다. 언제든지 강의를 수강할 수 있으며, 연습 문제를 풀면서 학습 내용을 복습하고 확인할 수 있습니다. 또한, 자신의 학습 상황을 점검하고 개선할 수 있는 리포트와 진도표를 제공합니다.

Q6 부상으로 접은 야구선수의 꿈, 스포츠 심리상담사로 대체할 수 있을까요?

저는 고교 1학년입니다. 야구부에서 선수로 활동하다가 부상으로 활동을 중단하게 되었습니다. 심하게 좌절해서 그동안 멘탈 상담을 받았는데, 마음을 다잡는 데 도움이 많이 되었습니다. 그래서 저도 선수들에게 도움이 되는 스포츠 심리상담사가 되고 싶다는 생각을 하게 되었습니다.

그동안 선수 생활을 하느라 공부를 제대로 해보진 않았지만, 체력과 집중력만큼은 자신 있습니다. 무엇을 어떻게 할지 방법을 알면 집중해서 할 수 있을 것 같습니다. 그리고 친구들 말로는 앞으로 무조건 코딩을 잘해야 취직을 한다고 하던데, 저의 희망 직업과는 연관이 없는 것 같지만, 이것도 무조건 배워 두는 게 맞는 걸까요?

A 고교 야구부에서 선수로 활동하다가 크게 다친 것은 육체적으로나 심리적으로 매우 어려운 경험이었을 것입니다.

한 가지 목표를 위해 매진하다가 그것이 좌절되었을 때의 고통은 상당했을 것으로 추측됩니다. 하지만 심리상담을 통해 그 어렵고 힘든 시기를 극복했다는 것은 정말 좋은 소식이네요. 그리고 상담을 받은 경험과 고교 야구 경험을 토대로 스포츠 심리상담사로의 진로를 고민하는 것도 매우 고무적입니다. 질문자가 고민하는 내용을 크게 3가지 안으로 정리해서 제시하겠습니다.

첫 번째는 질문 내용 그대로 스포츠 심리상담사가 되기 위한 과정입니다. 스포츠 심리학을 전공하거나, 한국 스포츠 심리학회 주관의 스포츠 심리상담사 자격증을 취득해야 합니다. 그리고 선수와의 대화를 통해 그들의 상황을 이해하고 그에 맞는 조언을 제공할 수 있는 능력도 필요합니다. 질문자께서 받은 것처럼 말이죠. 이를 위해서는 전문적인 교육과 함께 학습과 실습이 따라야 하고요. 질문자는 선수 출신이고, 크게 좌절을 경험하고 극복한 경우이기 때문에 상담 시 이해와 공감의 폭이 남다를 수 있을 것 같습니다.

그리고 심리상담 이외에도 코딩에 관심을 보이시는군요. 일반적으로 친구들이 코딩을 잘해야 한다고 말하는 것은 맞을 수 있지만, 이는 절대적인 것은 아닙니다. 하지만, 코딩에도 관심이 있다면 스포츠와 연계하여 〈스포츠 데이터 분석〉 분야로 진로를 선택할 수 있습니다. 스포츠 데이터 분석은 스포츠 경기 결과와 선수들의 자료를 수집, 분석하여 그들의 성과와 부족한 점, 경기 전략 등을 파악하는 분야입니다. 이를 위해서는 통계학, 머신러닝, 프로그래밍 등의 지식이 필요합니다. 과학적인 근거를 토대로 팀의 강점과 약점을 파악하고 경기 전략을 세우며 선수들의 퍼포먼스를 향상하는 것이 목적입니다. 그러나, 이는 앞서 질문한 스포츠 심리상담과는 전혀 다른 전공 분야입니다. 데이터 분석 분야에서 가장 중요한 것은 데이터와 숫자를 다루는 능력입니다. 따라서 이러한 부분에 대한 역량을 높이는 것이 취업에 도움이 될 것입니다.

따라서 제가 추천하는 방법은 담임선생님과 상담을 통해, 수도권 대학이 아니더라도 컴퓨터 공학이나 데이터 관련 학과를 찾아 진학을 준비하길 권합니다. 집중력과 체력이 충분하다면 학습 발전에 대한 가능성도 클 것입니다. 또한, 대학 진학 후에는, 한국데이터산업진흥원에서 제공하는 〈데이터 청년 캠퍼스〉 지원을 고려해보길 추천합니다. 데이터 청년 캠퍼스는 과학기술정보통신부와 한국데이터산업진흥원에서 제공하는 데이터 청년 인재 양성을 위한 무료 교육과정입니다. 지원 조건에 따라, 여러 운영 대학의 과정 중 1개를 선택하여 교육을 수료할 수 있고, 교육 이수자는 취업 지원 및 멘토링 등의 혜택을 받을 수 있습니다.

지원 조건은 만 19세 이상에서 34세 이하의 미취업 청년(1988년 1월 1일 이후 출생자)이며, 데이터 관련 전공 대학생(3~4학년)이나 데이터 관련 전공 및 비전공 석·박사 대학원생에 해당합니다. 따라서, 자격이 되는 학과에 진학한 후 3학년부터 데이터 청년 캠퍼스 과정에 지원해보세요. 상세한 내용은 〈데이터 청년 캠퍼스〉를 검색하거나 아래 주소에서 확인해보시길 바랍니다.

마지막으로, 위에서 언급한 방법을 거쳐 데이터 분석 전공과 함께 부전공이나 심리학 자격증 등을 별도로 준비하여 데이터 분석이 가능한 스포츠 심리 상담가로 활동하는 것도 하나의 방법입니다. 예를 들어, 선수들의 경기 전후 심리 상태 변화와 성적 변화를 분석하여 이를 바탕으로 심리적인 어려움을 혼자 감당해야 하는 개인 종목 스포츠 선수나 팀원들에게 체계적이고 과학적인 심리 분석과 솔루션을 제공할 수 있을 것입니다. 본인이 선수 생활 경험이 있는 데다, 데이터 분석 능력과 심리상담 등의 자격을 갖추게 된다면, 스포츠 심리 분석 분야에서 꼭 필요한 인재로 자리매김할 수 있다고 생각합니다.

■ 한국데이터 산업 진흥원
(https://dataonair.or.kr/bigjob/company_info/)

Q7 인공지능 시대에 교사들의 역할과 교실의 의미는 어떻게 바뀔까요?

현직 교사입니다. 현재 초등학생 아이들을 가르치고 있습니다. 아이들을 가르친 지는 5년 정도 되었지요. 그동안 아이들과 생활하는 일에서 큰 보람을 느꼈습니다. 그런데 지난 3년간 코로나 19로 교실 수업이 중단되었을 때는 코로나만 끝나면 이전과도 같은 교실을 되찾을 수 있을 줄 알았습니다.

그런데 코로나 19로 앞당겨진 비대면 기반의 수업과 AI 프로그램을 통한 다양한 학습법들이 많이 등장했고 아이들과 교사 모두 낯설지 않은 현실입니다.

그래서 가까운 미래에는 인공지능 시대에 교사들의 역할과 교실의 의미는 어떻게 바뀔 것인가에 대해 고민하게 되었습니다. 인공지능 세상이 열리고 활성화되는 시대에 교실 풍경은 어떻게 바뀌게 될까요? 그리고 교사들은 무엇을 대비해야 할까요?

A 인공지능 기술의 발전은 교사의 역할에도 큰 위기를 가져올 것이라고 합니다.

인공지능 교육 프로그램이 학생들의 학습 수준이나 학습 성향에 따라 맞춤화, 개인화된 학습 경험을 제공하고, 다수의 학생을 동시에 지도하고 평가하는 것을 가능케 한다면, 교사의 역할은 지금보다 축소될 수밖에 없다고 말이죠. 이러한 변화에 따라 교실의 의미도 지금과는 다르게, 개인화된 학습 경험을 위한 플랫폼으로써 전락할지 모른다는 우려가 있습니다.

하지만 이러한 우려에도 불구하고, 교사의 역할에 변화는 있을 수 있으나 본질은 변하지 않을 것이라는 생각입니다. 교사는 지식과 기술을 전달하는 것뿐만 아니라 학생들의 인격 발달과 사회화를 돕고 올바르게 성장하도록 지도하는 것이 본질이기 때문입니다. 인공지능은 학생들에게 지식과 정보를 전달하고 맞춤형 학습 자료를 제공할 수 있지만, 인간적인 상호작용은 교사가 수행할 수밖에 없습니다. 학교와 교실이 학생들의 사회성을 기르기 위한 장소의 기능도 그대로 유지될 것 같고요.

현재 교육 시스템에서는 교사가 학생들의 다양한 학습 수준에 대응하고, 개인적인 어려움에 대한 대처가 필요하더라도 많은 업무량으로 인해 이를 충분히 살피지 못하고 있는 형편입니다. 그러나 앞으로 인공지능 교육 프로그램의 활성화는 교사들이 학생들의 어려움을 더욱 적극적으로 파악하고 개별적으로 대응할 기회를 제공하게 될 것입니다. 이러한 프로그램을 통해 교사들은 학생들의 학습 흐름을 더욱 효과적으로 분석하고, 그것에 맞게 세부적인 맞춤형 교육을 AI에게 요청할 수 있게 되겠지요. 이러한 변화는 학생들의 학습 효과를 크게 향상하고, 교사들은 더욱 학생 개개인에게 집중할 수 있는 환경이 조성될 것입니다.

따라서 교사들은 학생들에게 동기부여와 인간적인 조언을 제공하고, 학생들이 자신의 능력을 최대한 발휘할 수 있도록 도와주는 임무를 수행하는 데 더욱 집중하게 될 것입니다. 학생들이 사회적, 감정적인 측면에서 도움이 필요할 때 교사들은 인공지능이 수행하지 못하는 인간적인 역할에 집중할 수 있습니다. 예를 들어 학생이 교우 관계나 가정에서 어려운 상황을 겪고 있다면, 교사는 관련 기관에 적극적인 지원을 요청하고, 학생에게 심리적인 안정감을 제공하여 일상에 회복할 수 있도록 도울 수 있습니다.

어떤 분야에서도 인간적인 상호작용, 감정적인 지원은 인공지능으로 완전히 대체되기 힘들 것입니다. 인공지능 교육 프로그램이 적극적으로 활용된다면 교사의 업무 효율성이 높아지고 오히려 이러한 역할에 더욱 집중할 수 있게 될 것입니다. 즉, 인공지능은 교사의 역할을 대체하기보다 보조하는 역할을 하여 교사가 더욱 나은 교육 환경을 조성하도록 도움을 줄 수 있을 것입니다.

소중한 인연들에 감사를 드리며…

이 책을 집필하는 동안 크고 작은 어려움이 있었습니다. 노트북의 갑작스러운 오류로 밤새 작성 중이던 파일이 사라진 일이 있었고, 가방 속에 탄산수가 터져버려 저를 대신해서 갈증을 해소한 노트북이 부팅되지 않은 일도 있었습니다. 이런 상황에서 집필 의지를 잃을 뻔했지만, 다행히도 마음을 잡아주신 라온북에 감사의 말씀을 전합니다. 원고가 지연되기도 하고 갈피를 못 잡고 헤매고 있을 때도 편집진의 따뜻한 격려와 조언으로 마무리할 수 있게 되었습니다.

라온북과의 인연이 참으로 소중합니다. 저의 경험을 글로 꺼내어 쓸 수 있게 용기를 주신 출판사 대표님께 깊은 감사를 드립니다. 대표님의 한 마디로 저는 인생의 변곡점을 맞이했습니다.

전해주신 말씀을 현실에서 실현하도록 잘 엮어보겠습니다.

처음 책을 집필하는 데 1년은 걸린다고 들었을 때 가볍게 생각했던 것 같습니다. 3~4개월이면 가능하지 않을까 생각했던 건, 저의 오만이고 착각이었습니다. 결국, 9개월가량을 꼬박 채우고도 아직도 부족한 것 같아 원고 전송 직전까지 고민했습니다. 긴 시간 동안 곁에서 물심양면 뒷바라지해 준, 세상에서 가장 스윗한 남자 영식 씨, 고생 많았습니다. 고맙습니다. 그리고 철마다 맛있는 김치를 담아 보내주신 예비 시부모님께도 감사드립니다.

느닷없이 책을 쓴다는 핑계로 고향에 내려가지 않고 부모님께 연락도 자주 못 드렸습니다. 반성합니다. 저를 믿고 잘 되기를 응원해주시는 부모님께 항상 감사드립니다. 이제부터라도 자랑스러운 딸로서 효도하며 살겠습니다. 든든한 오빠와 새언니, 그리고 자주 만나지 못하지만 늘 고모를 응원하는 사랑스러운 조카들 준서와 현서에게도 고맙다는 말 전합니다.

이름만으로도 힘이 되는 혜린, 일선, 지영, 정인, 효지 그리고 따뜻한 배려를 닮고 싶은 보은 언니와 도전과 열정을 알려준 민옥 언니의 소중한 인연에 감사드립니다.

이 책을 완성하는 과정에 스트레스 해소에 큰 도움을 주신 정원 언니와 나리 언니, GGS 멤버들, 시밀레 멤버들, 함덕 메리굿

식구들, 여러분들의 지속적인 관심과 성원이 없었다면 이 책은 완성되지 못했을 것입니다.

마지막으로 어려운 인터뷰에 기꺼이 응하고 깊은 사연을 공유해 분들께 진심으로 감사드립니다. 저의 모든 인연과 이 책을 읽어주시는 모든 분께 감사의 마음을 전합니다.

참고 문헌

〈1장〉

"이기고도 이긴 줄 몰랐던 알파고, 승리의 기쁨 깨닫게 될까?", 〈한겨레〉, 2023.03.20.

"서울교육청 9급 공무원 경쟁률 10.9대1…4년 연속 하락세", 〈이코노미스트〉, 2023.04.20.

"공무원 채용 경쟁률 급락 '쇼크'… 31년 만에 최저", 〈한국일보〉, 2023.03.08.

"이러려고 공무원 된 게 아닌데…, 식어버린 공시 열풍", 〈머니투데이〉, 2022.06.22.

"돈 더 준다고요? 2030, 대기업 다녀도 미련 없이 직장 옮긴다", 〈조선일보〉, 2022.04.21.

"직장인 행복 점수 평균 41점…행복 점수 가장 높은 회사는?", 〈중앙일보〉, 2019.12.16.

"신입사원님, 제발 떠나지 마소서…, 회사가 자세를 낮췄다", 〈조선일보〉, 2021.12.30.

"몸달은 유통가, 네카라쿠배-당토직야에 'IT인재 모시기' 맞불", 〈국민일보〉, 2021,12,13.

"사상 최악 취업난에도 신입 10명 중 3명은 조기퇴사", 〈동아일보〉, 2019.05.22.

"평생직장은 없다. 평균 근속 15년 2개월, 50살 이전 퇴직", 〈한겨레 경제〉, 2021.08.01.

"IBM CEO '7800명 일자리, 5년 내 AI로 대체'", 〈조선비즈〉, 2023,05,02.

"세계 시장은 지금 '디지털전환'으로 리셋 중", 〈디지털타임스〉, 2020,12,02.

"로봇이 치킨 튀기고 설거지… 외식업계 '무인시대'", 〈문화일보〉, 2023,04,21.

"A Review of 3D Food Printing Technology" by Paphakorn Pitayachaval et al.,EDP Sciences, ACMME (2018)

"바이오 프린팅 '혁명' 3D프린터와 인간 세포로 세계 첫 인공심장 제작", 〈메디사이언스〉, 2019.04.16.

"How Google's Self-Driving Car Will Change Everything", 〈Investopia〉, 2023.04.25.

"자율주행 : 샌프란시스코 시내에서 무인택시를 타봤다", 〈BBC news Korea〉, 2022.11.06.

"자율주행 택시 또 브레이크 걸렸다… 美샌프란시스코, 확장 반대", 〈조선일보〉, 2023.01.30

"2026년 로봇·2027년 드론 배송 현실화…1시간 배송시대도 성큼", 〈국토 교통부〉, 2023.02.20.

"인공지능의 대부가 챗GPT 위협을 인류에 경고하다", 〈매일경제〉, 2023.05.04.

"2030세대 '평생직장' 개념 사라진다",〈매일일보〉, 2020.08.05.

"한 직장 계속 다니기 힘드네요. '평생직장' 대신 'N잡러'·'긱잡' 뜬다", 〈아시아경제〉, 2020.10.24.

MIT "Career Advising Professional Development"(CAPD) Program, Retrieved from https://capd.mit.edu/channels/infinite-careers/

리처드 돕스, 제임스 매니카, 조나단 워첼 공저, 고영태 번역, 《미래의 속도》, 청림출판, 2016.

〈2장〉

스티븐 M. 플레밍, 《나자신을 알라》, 배명복 옮김, 바다출판사, 2022.

김훈, 《칼의 노래》, 문학동네, 2014.

"착한 지구인으로 살아간다는 것 (Becoming a good-earthling): HyunJung Lee at TEDxBusan" Retrieved from http://www.tedxbusan.com/p/855

〈3장〉

최현미, 《미꽃체 손글씨 노트》, 시원북스, 2021.

"블랙핑크도 반한 한복 단하", 〈패션비즈〉, 2022.03.01.

"블랙핑크도 반한 '단하' 파리 무대 데뷔 성공", 〈패션비즈〉, 2022.09.29.

"블랙핑크 한복디자이너 단하, 태국서 패션쇼", 〈연합뉴스〉, 2022.12.11.

"블랙핑크 입은 모던한복 만든 단하", 〈아시아경제〉, 2023.01.21.

"단하주단x메타조선 콜라보…한정판 3D NFT 선보여", 〈비즈니스코리아〉, 2022.03.02.

"CES 2023에서 '가상 한복 패션쇼' 열린다", 〈머니투데이〉, 2023.01.04.

임홍택, 《90년생이 온다》, 웨일북, 2018.

박중근, 《70년대생이 운다》, EBS BOOKS, 2020.

"비터팬의 식도락 블로그"(Retrieved from https://blog.naver.com/bitterpan)

"대체육 스타트업 성장판 열렸다", 〈한경닷컴〉, 2021.10.19.

"판 커지는 대체육 시장…'식물성 고기' 이어 '배양육' 개발 경쟁", 〈한경닷컴〉, 2022.08.15.

"이사 대신 인테리어… 내 집 인테리어 수요 늘었다", 〈아주경제〉, 2021.02.10.

"키크니 일러스트레이터"(Instagram profile, Retrieved from https://www.instagram.com/keykney/)

"팬데믹이 만들어낸 이커머스 지각변동", 〈시사인〉, 2021.04.28.

"줌앱·줌폰… 팬데믹 끝나도 줌의 신화는 계속될 것", 〈조선경제〉, 2023.02.24.

"캠핑 수요 잡자… 아웃도어 업계도 캠핑용품시장 진출 본격화", 〈아시아경제〉, 2022.10.06.

"코로나19 속 캠핑족 급증… 캠핑시장도 급성장", 〈KBS NEWS〉, 2022.04.29.

김희준, 《원소주: 더 비기닝》(원하는 것을 원 없이 즐기는 사람들의 한계 없는 도전), 미래의창, 2022.12.31.

손웅정, 《모든 것은 기본에서 시작한다》, 수오서재, 2021.

장석주, 《저게 저절로 붉어질 리는 없다》, 난다, 2021.

비욘드 리세션

이석현 지음 | 25,000원

전 세계적으로 엄습하는 경기침체의 파고를 넘어
또 다른 성장의 기회를 잡아라!

이 책 《비욘드 리세션》은 그런 면에서 기업 CEO들이 나무가 아닌 숲을, 눈앞의 포말이 아닌 멀리서 다가오는 파도의 흐름을 바라보며 대비하게 해주는 책이다. 분명 곳곳에 경기침체의 징후들이 가득하며, 이에 대비해야 하지만, 위기의 파고를 넘었을 때의 성장 동력을 재무장하는 방법이 이 책 《비욘드 리세션》에는 함께 제시되어 있다. 동전의 양면을 둘 다 놓치지 않는 지혜가 이 시대 기업인들에게 더욱 요구되는 것처럼, 경기침체와 그 극복 후의 성장과 반등을 동시에 생각할 줄 아는 혜안이 이 책을 통해 길러지리라 생각한다.

턴어라운드 4.0

이창수 지음 | 17,000원

하이 아웃풋(High Output)을 만들어
기업의 턴어라운드를 발생시키는 전략 통찰법!

《턴어라운드 4.0》은 기업의 멋진 항해를 도와주는 도구인 환경과 시스템을 구축하기 위해 기업과 경영인이 갖춰야 할 전략과 통찰을 정리한 책이다. 저자의 30년의 경험이 녹아 있는 기업의 턴어라운드 프로세스는 언제 사라져도 이상하지 않은 부실기업을 '강력한 기업'으로 재탄생시켜줄 수 있는 비결을 상세히 알려준다. 어려운 상황에서도 기업의 성공과 발전을 달성할 수 있도록 미래를 정확하게 예측하고 철저히 기획하는 데 이 책이 큰 도움이 될 것이다.